JN174039

特別支援
学校＆学級
で学ぶ！

保護者の願いに応える！ライフキャリア教育

渡邉昭宏 著

キャリア発達を
共に支援する
ガッチリ・スクラム

明治図書

はじめに

　キャリア教育が特別支援学校で意識化されて以来ずっと「就職率の向上」ばかりが叫ばれてきましたが，この頃になってようやく就職率より「定着率」に目が向き出しました。

　そもそも「就職率」というのは，本人が不服でも卒業前にどこかの企業の内定を取り，５月10日に退社してもカウントされます。反対に，卒業までに内定が取れず，就労移行支援事業所等に籍を置きながら実習を続けて５月10日に晴れて企業に採用が決まった生徒の場合はカウントされません。なぜなら，学校が都道府県や文部科学省に報告する統計調査では５月１日現在の進路先をカウントするからです。この矛盾が，学校が卒業までに，不本意とわかっていても１人でも多く就職させて，学校としての進路実績（学校評価）を確保しようとする本人不在の「強引な進路指導」を生んでいるのです。

　でも考えてみてください。一般の高等学校でいう「進学率」は，現役の生徒だけではなく，卒業後に予備校に進んだ浪人生の進学先も加算して，その高等学校の進学率として公表しているはずです。それがその高等学校の進路実績（学校評価）として，高校受験の際の判断材料にされているのではないでしょうか。学校基本調査でも「大学・短大進学率（過年度卒を含む）」として統計をとっています。

　そうであれば，特別支援学校高等部就職率も，卒業時点だけではなく，卒業後，就労移行支援事業所や就労継続支援事業所等を経由して就職した生徒も，当然カウントされてもいいはずです。そうすれば学校としても，何も卒業までに躍起になって，ミスマッチを承知のうえで，無理やり企業に押し込むようなことをしなくても済むのではないかと思います。そうすればその後

の「定着率」だってずっと向上するはずです。

　障害児教育が特別支援教育となってから，「特別の教育ニーズ」に応えるべく「個別の教育支援計画」など，個に応じた長期的視野に立った指導が保障されるようになってきました。しかし発達や成長の過程や速度はみな違っているのに，なぜみな一斉に卒業をさせられ，一斉に社会に放り出されないといけないのでしょうか。これも矛盾しています。単位制の高等学校では必要な単位が取れたら卒業としているように，特別支援学校も，社会に出られる態勢や状況が整ったら社会に出る（卒業する）という柔軟な教育システムになってはじめて，「特別の教育ニーズ」に真に応えたことになるのではないのでしょうか。

　しかし今，どうこう言っても，厳しい現実が立ちはだかっています。保護者の「願い」「思い」「ニーズ」も年々多様化し，複雑になる一方で，教育現場は，膠着したシステムとの板挟みになっているのが現状です。教師から「ゆとり」がなくなり「焦り」だけが錯綜し，ますます疲弊していくことになります。その結果として，最大の被害をこうむるのは児童生徒本人であることはいうまでもありません。

　ここ数年，私はライフキャリア教育について全国各地の特別支援学校や総合教育センターで講演する機会を得ました。事後に寄せられた感想を拝見すると，「保護者にも聞かせたい内容だった」「保護者にライフキャリア教育の重要性をわかってもらったうえで学校として取り組んでいきたい」といったものが増えてきました。事実，先生方にお話しした後で，ＰＴＡ主催の勉強会に招かれたり，手をつなぐ育成会，発達障害児・者の親の会といった障害のある子どもたちの保護者団体から講演依頼も来るようになりました。

　ライフキャリア教育という観点からすると，学校だけで頑張って取り組ん

4

でも意味がありません。「生活」「生きる」というほとんどは家庭や地域で営まれるものだからです。学校はきっかけを与えるに過ぎないのです。後は家庭と協力して日々繰り返して定着を図っていくのが最も効果的です。

　というわけで，ライフキャリア教育シリーズの第4弾は，「保護者とどう連携してライフキャリア教育を進めていくか」いうことをテーマにしました。内容は大きく分けて3つにしました。

　1つ目は，現実的には厳しくても，就労を希望する保護者や本人の思いをどう受け止めるかということを，事例を交えて解説し，在学中のライフキャリア教育の必要性に言及しました。
　2つ目は，重度重複や発達障害などのために，社会に出ることや将来に不安を抱える保護者に対し，小学部からしておくライフキャリア教育がいかに有効であるかということを述べました。
　3つ目は，卒業までに実際に家庭では何をしたらいいのか，学校と家庭との連携や役割分担をどうするかなど，具体的なライフキャリア教育の学習課題や伝えるノウハウを解説しました。

　「適齢期」という言葉や，「鉄は熱いうちに打て」ということわざがあります。本人の発達の芽（コンピテンシー）を見つけ育てることは，ライフキャリア教育では特に大切です。そして，学校でできたら家庭で，家庭でできたら学校でという連携が，学習の汎化につながります。同じようなことが違う場所・場面でできたり，違う人の指示でもできるということが，自立と社会参加の第一歩です。さあ，今日から保護者とガッチリとスクラムを組んでライフキャリア教育をより確かなものにしていきましょう。

渡邉　昭宏

もくじ

第1章 保護者の願いを受け止める極意
転ばぬ先のライフキャリア教育

第2章 保護者の不安に上手に応えるコツ

明日役立つライフキャリア教育

第1章

保護者の願いを
受け止める極意

転ばぬ先のライフキャリア教育

大卒でも3年以内に3割が離職してしまいます。長い間働き続けるには「働く力」以上に「生きる力」を育てておく必要があるということを，在学中に保護者へどれだけ伝えていますか。先輩たちの事例を交えながら，保護者の願いにどう応えていったらよいか考えていきましょう。

卒業をゴールでなくスタートと思え
～生きる力が左右する職場定着～

　先生方は，個別の教育支援計画を作成する際に，保護者と面談するなり，文書をやりとりするなどをして，「保護者の願い」を聞き取っているはずです。もともと個別の教育支援計画の策定が義務付けられた時には，キャリア教育という面での押さえはなかったのですが，長期目標を立てる際の保護者の願いは，当然のように「卒業後の姿」つまり，こんな人生を送ってほしいとか，こんな仕事に就いてほしいとか，このくらいのことができるようになって卒業を迎えてほしいといったものになり，これはキャリア教育でいう「なりたい自分」とよく似た関係となります。

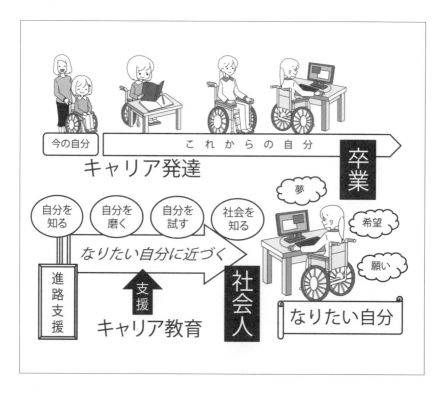

ある特別支援学校（知的障害）高等部の保護者が，学校に寄せた具体的な願いを見てみましょう。

・本人が社会に出て働くことに憧れています。無理のない範囲で精いっぱい力を発揮できる仕事に就くことができ，その労働に見合った賃金を得ることができれば幸せです。
・20歳になった時に，1人で生活できる大人になっていてくれたらうれしいです。
・自分で働き，お休みの日には自分で働いたお金で自分の楽しみたいことをしたり，友達と出かけたり，買い物に行ったりといった幸せな時間を過ごさせてあげたいです。
・本人はとても頑張り屋なので，それが認められるところで社会参加させたいと思います。
・ずっとやってきた体操教室，スイミングを卒業後も継続して，規則正しい生活をして，就労に結びつけられたらいいなと思います。

　このような願いは，キャリア教育でいう「夢」「希望」「憧れ」といったマキシマムなイメージとかなり似通っていますが，多くの保護者の願いというのは，おそらく次のような「せめて」「なんとか」「できれば」というミニマムなイメージになっているのが現実なのではないでしょうか。

・無理なく本人らしく元気で生きていってくれたらそれでいいです。
・ストレスの少ない毎日を過ごしてほしいと思います。
・得意なことを1つでも見つけてあげたいです。
・1人で行動できる範囲が広がってくれればうれしいです。
・自分自身の世界を広げさせたいと思います。
・1日1回でも楽しいなと思える人生を送ってほしいと思います。
・周囲の人や社会に迷惑をかけずに生きていければいいです。
・人から嫌われないような生活をしてほしいです。

つまり，本人の現在の状態からして，卒業時に企業就労もしくは強く希望している施設等への通所をイメージできている保護者は，ポジティブな願いを書けますが，そうでない保護者はネガティブにならざるを得ません。小学校または小学部ならば，まだまだ可能性に賭けることもできますが，高等部になると，あと3年で何とかなるのかと，学校に期待する保護者はぐっと減ってしまいます。

　進路担当や卒業学年担任をした経験のある先生方はおわかりになると思いますが，保護者には両極端なタイプがいます。1つは本人の能力や可能性を過大に評価・期待しているか，社会の現実がよくわかっていないために，「何が何でも就職を」と懇願してくるタイプです。もう1つは反対に，本人を過小評価したり，先々をあきらめたり，期待を寄せていなかったり，または，働かせるなんてかわいそうとか，この子が家にいても困らないだけの経済的な余裕はあるからといった理由で，「無理に進路先を探さないで結構」と言ってくるタイプです。そう多くはないでしょうが，こうした家庭との連携は非常に難しく，本人に対して学校でいくらキャリア教育を施しても，その成果が出にくくなります。

　そこまでいかなくても，「卒業までに進路先を必ず確定してほしい」と要望してくる保護者は少なくありません。こうした保護者の願いの背景には，「卒業したら社会に出て働くもの」という固定観念があります。だから学校に対しては，「卒業までに，社会に出て働ける人に育ててほしい」という要望が寄せられるわけです。これこそまさに，かつていわれていたキャリア教育のスローガンである「勤労観・職業観の育成」と合致するものです。その結果，学校は保護者の願いに応えようと「働く場所」を確保することに躍起になり，それが勢い学校同士で「就職率」を競うことになり，ミスマッチと重々わかっていても，とにかく卒業までにどこかに入れてしまおうという本人不在の進路指導になっていきました。

次の図は，私が保護者対象の講演会で必ず使うスライドです。

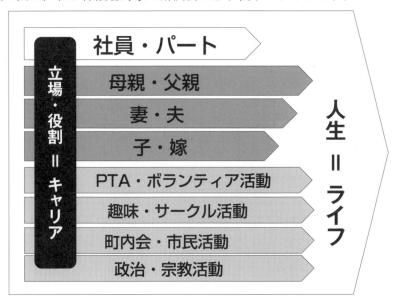

ここでいいたいのは，人は1つの立場・役割だけをして生きているのではなく，同時並行的にいくつもの立場・役割をこなしている，言い換えれば演じ分けて生きているのが「人生」だということです。保護者自身を振り返ってもわかるように，子ども本人にとっても，卒業後の働く場所を見つけることだけを学校教育の「目標」にしてはならないのです。つまり「職業生活」は人生の一部であり，それを決めることだけが学校生活のゴールではないということに気づいてほしいのです。

住み慣れた地域社会で豊かな人生を送っていくためには，「働く生活」だけでは成り立たず，「暮らす生活」「楽しむ生活」がセットにならないと実現しません。反対に障害基礎年金や生活保護費主体の生活でも，本人に合った生き生きとした日中活動（過ごし方）を展開し，それぞれの暮らし方，楽しみ方をしていけば，充実した人生を送っていけるのです。

今は障害者法定雇用率もあがり，特例子会社もたくさんでき，昔と違って企業への就労のハードルが非常に低くなりました。はっきりいって，企業規模，業種，職務内容，身分，待遇などを選ばなければ，就労希望者のほとんどが数的には就職できてしまう世の中になってきたのです。つまり保護者が言う「何が何でも就職を」という願いを叶えてあげるのは，さほど難しいことではなくなりました。

　しかしです。就職することと，就職し続けることには大きな違いがあります。よく「３日，３週間，３か月，３年」といわれるように，就労を継続できるか否かには，何度か越えないとならない山があります。進路担当や卒業学年担任はそうした時期を見計らって，企業を訪問したり連絡を取って，その後の様子（定着状況）を確認します。そして，うまくいっていないと，必ずといっていいほど先方から発せられるセリフがあります。「学校はいったい何を教えてきたんですか」と。

先方から，「仕事ができなくて困っている」とか「もっとできると思っていた」といった仕事の量や質（ワークキャリア）に関する指摘をしてくることはまずありません。現場実習を通じて本人の能力適性を見極め，苦手な部分があることは百も承知のうえで採用しているので，それは自分たちの非を認めることになるからです。企業によっては「仕事のことは入社したら一から教えるので，学校は余計なことを教えないでくれ，かえって直すのが大変だ」と言ってくるところさえあります。

　では何を入社後に指摘されるのでしょうか。そのほとんどは更衣や食事や衛生など基本的な生活習慣に関すること，コミュニケーションなど人間関係に絡むこと，休憩時間の過ごし方や通勤中のトラブルなど勤務時間外のことなどライフキャリアに関することです。これらは2～3週間の現場実習では表面化しないもので，企業としては「当然」できているという前提で採用してしまっています。もし採用後に発覚しても，仕事上のことであれば仕事量を調整したり，配置転換すれば済むことですが，ライフキャリアに関することは対応が難しく，こうしたことを学校と同じように丁寧に教えてくれる企業など例外中の例外です。

　また，こうしたことが発覚したらすぐに知らせてくれる企業には，進路担当や就労援助センターといったアフターフォロー機関も早期対応ができて，事なきを得るのですが，そうでないと，本人の社内評価はどんどん低下してしまいます。「仕事はよく覚えるのに，トイレの掃除当番も，お茶入れ当番も任せられなくて」「仕事は私たちより早くできたりするのに，食事は遅いしこぼしても拭かないし」といった口コミの対象にもなってきます。いったん就労すれば，仕事はできてあたりまえの世界になり，仕事以外の「人間性」とか「社会性」とか「生活力」といったものが，職場の人間関係のなかで重みを増してきます。つまり，職場のなかで好感度を保つためには，まさにライフキャリア（生きる力）が左右するわけです。

これは，クリーニングや清掃を業務とするある特例子会社の社長が，特別支援学校在学中の保護者対象の企業見学会で伝えられたメッセージです。

💬 これから就労を目指されている方々へのメッセージ

受け入れる側の企業は，皆さんを"戦力"ととらえており，
・自らきちんと挨拶ができること
・身の回りのことや生活に関する基本的なことができること
・公共の交通機関を使って毎日一人で通勤できること
などを，採用の際の判断基準にしています。

特に"挨拶"は，働く上で最も重要と言える"コミュニケーション"の基本で，
きちんと声に出して挨拶をするというのは大切な第一歩になります。
加えて，大きな声で返事をする，相手の話をきちんと聞くなども
最低限できるようにしておいていただきたいと思います。

また，趣味を持つことを勧めます。
自分のやりたいこと・欲しいもののために，計画的に貯蓄したり
使ったりすることができるようになりますし，余暇が充実することにより，
仕事とのメリハリが付き，効率や生産性もあがります。

これからお子様が社会に出て「自立するため」の教育をお願いします。

企業とは，効率性や営利を追求するところで，そのために一生懸命働き，働きに応じた給料をもらうというのは当然のことです。それと同時に，私たちもそうであるように，職場というのはオフィシャルな集団生活の場でもあります。プライベートの生活ならばどんな格好をしていても，どんな食べ方をしていても中傷されたり干渉されたりする理由はありませんが，職場にいる限り，自分流の生活スタイルやペースでは許されません。また通勤途上や社員旅行中も職場の延長線上にあるのです。他人の目にさらされて生活するというのは，グループホームや施設であっても，ある空間や時間においては同じことだといえます。

この点で，先ほどの特別支援学校高等部の「保護者の願い」のなかに，これらをかなり意識されているものがあるので紹介します。

・身だしなみに無頓着なので，自分で気づいて直せるようになってほしいです。
・約束の時間を守る，頼まれたことを最後までやるなど，人から信頼を得られるような人になってほしいと思います。
・他人に迷惑のかからない傘の取り扱いができるようになってほしいです。
・早寝早起きを定着させて朝食を摂ってから仕事に行けるようにさせたいと思います。
・女性に対して，適切な距離を保てるようになってもらわないと社会に出てから不安です。
・人にぶつかったときなどに自分から謝れるようになってほしいです。
・周囲のペースに合わせて，食事ができるようになってくれたらいいと思います。
・横入りしないで並んで待つなど，公共交通機関の利用マナーとルールが守れるようになってほしいです。
・交通機関は1人で利用できますが，混雑するとイライラしてくるタイプなので通勤ラッシュが気になります。
・登校や外出するのにいつもぎりぎりにならならないと準備をし始めないので，会社に毎日ちゃんと行けるか心配になります。
・持病の薬を飲み忘れないようになれるといいと思います。

　いずれも就職もしくは就労移行支援レベルの方々で，すでに今から就労後に，仕事以前の問題として生じるであろう課題として認識されています。保護者の方がこれだけ問題意識をもっているにもかかわらず，体力，忍耐力，持久力，従順さといったワークキャリア教育だけをして企業に送り出そうとする特別支援学校がもしあるとしたら，それはとても恐ろしいことです。

極意2 卒業後の生活づくりも進路支援のうち

　この図は，企業就労を果たした後の「人生概念図」です。これを見てもワークキャリア（働く力）が求められる「労働生活」の部分は人生のなかのほんの一部で，大半はライフキャリア（生きる力）が必要となってくるものであることがおわかりになると思います。特に「暮らす」「楽しむ」という枠外にある，結婚生活，参政権，闘病生活，ペットの世話といったものも人生では重要なことになります。将来的には育ててくれた両親の介護や看病にあたる障害当事者も出てくるでしょう。

　健常の子どもたちであれば，学校は知識や技能を与え，次の進路先に結びつけることさえすれば，後は自己責任で人生を歩んでいってもらうことが可能です。ライフキャリアについては学校でわざわざ教えなくても，就労して

から実際に，一人暮らしをしたり，社会でいろいろ経験するなかで，その都度身に付ければいいとさえ言い放つ人もいるくらいです。確かに健常の子どもたちの場合は，キャリア発達を促しさえすれば，後は自力や独学で身に付けていけるかもしれません。しかし特別支援教育を受ける必要のある児童生徒たちは，促すだけではだめで，キャリア発達そのものを「支援」してあげないと，自分のものにしていけないのです。

　次の図は，「勤労観・職業観の育成」というワークキャリアに特化したスローガンで，平成11年に始まった日本のキャリア教育が，成果を出すどころか，「就業体験活動（インターンシップ）」をすることのみがキャリア教育という誤解と弊害を生んで，平成23年に「勤労観」「職業観」「労働」「進路」という言葉を一切含まない，本来のキャリア教育の理念に戻った定義になったことを示したものです。そしてこれはあくまでも小・中学校，高等学校主体の定義なので，特別支援教育バージョンを私案しました。

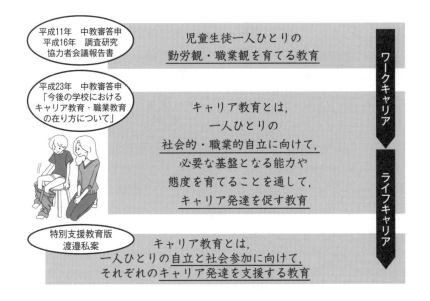

ここでは「一人ひとり」によって自立と社会参加の在り方は異なるし，キャリア発達の仕方や道筋も「それぞれ」違っているということを強調してあります。特別支援学校の生徒たちは，みんながみんな就労という「社会参加」の形態をめざすわけではありません。たとえめざしても経済的「自立」にまで至れる人はほんの一握りです。

　最低賃金がどんどん上昇していっています。神奈川県では時給930円です（平成28年10月１日改正）。時給930円を支払われるということは，時給930円に見合う「労働」を求められるということを意味します。これを１日８時間，週５日続けられるというのは大変なエネルギーを要し，その間に受けるプレッシャーやストレスも半端なものではないはずです。現場実習では２～３週間しかこの体験をしていないので，その後どれだけ持つか未知数のまま，卒業しているのです。

　そうしたときに，１日６時間の短時間労働なら週５日頑張れる，週３日なら何とか８時間労働も続けられるという選択肢があることをどれだけ，本人も保護者も知らされているのでしょうか。週40時間労働できる体力をつけることばかりにとらわれず，今の体力で働ける「働き方」を考えるほうが，少しでも長い期間「労働生活」が営めるのではないでしょうか。障害者法定雇用率は，週20時間労働でもカウントの対象になっています。

　世の中，「非正規労働」のデメリットばかりを叫んでいますが，パートタイマーやアルバイトの待遇でいることで，むしろ体力や気力に応じた「労働生活」ができたり，空いた時間を使って「暮らす生活」「楽しむ生活」を充実させることで，「豊かな人生」を送れる人々もいるということに気づいてほしいのです。そのほうが心身とも困憊して３年で辞めなくて済み，結果的に長く働き続けられて「生涯賃金」を多く得ることになるかもしれません。まさに『うさぎとかめ』の童話そのものです。

ここでまた，先ほどの保護者の願いの続きを見てみることにしましょう。保護者は学校ほど，お仕事の勉強に期待を寄せているわけではなく，高等部在学中に「生きる力」に関する教育を求めていることがよくわかります。

・他人に対して感謝する気持ちをもてるようになってほしいです。

・協力したり譲れたりできるようになってほしいと思います。

・困っている友達がいたら，助けてあげられるようになってくれればいいと思います。

・自分の考えや思いを相手に伝えられるようになってほしいです。

・自分で考え行動する機会を増やしてください。

・困ったことやわからないことがあったときに，誰かに助けを求められるようになってほしいです。

・何か困ったときに自分から先生に聞けるようになってほしいです。

・恥ずかしがらず挨拶できるようになってくれればいいと思います。

・困ったときの伝え方を身に付けてほしいです。

・自分の意思を，相手にわかりやすく伝えられるようになってほしいと思います。

・相手の話をよく聞いて，周囲の状況を考えて行動してほしいです。

・個々だとおしゃべりできるのに，集団のなかではうまく話せないので人前で話せるようになってほしいと願っています。

・中学までにせっかく勉強してきたことを忘れないようにして，高等部では実生活にそれを生かせるように教えていただきたい。

・人に対して意見が言えず，人の言いなりになりがちです。将来，トラブルに巻き込まれないか心配なので，何とかしてほしいと思います。

・周囲の状況を考え，おしゃべりを控えられるようになってほしいと思っています。

・同じ作業ばかりさせないで，さまざまな作業や道具の扱いなどを体験させて，本人に得手不得手を認識させてもらいたいと思います。

私は，進路担当をしていた当時から，単に進路先を確保すればいいという進路指導には反対で，その生徒の卒業後の「生活づくり」という観点で進路指導をしてきました。確かに手間のかかる仕事ですが，「働く」時間や場所だけではなく，どこで生活するか，余暇をどう過ごすかもセットで保護者と考えてきました。今でいえば「ケアマネージャー」のように，活用できる社会資源をどうコーディネートするかというようなことをやっていたわけです。

 ## 事例 1　非正規で夢を叶えたＡさん

　Ａさんは染色体異常で小柄な体格です。いろいろな病気もあるため体力がなく，学力の割には働く力は今一つ備わっていません。当然職業能力評価も低く，企業就労はかなり難しいと考えられていました。

　しかし保護者は，一度は娘を社会で働かせてやりたいという希望をもっていて，採用条件よりもとにかく入社できればと常日頃から言っていました。施設や作業所でも実習してもらいながら，進路担当はＡさんの家から歩いて通えるところにあるスーパーマーケットに「午前中だけのパート募集　委細面談」という貼り紙がずっと出ているのに目を留めていました。貼られっぱなしということは応募者がいないということです。職場環境や待遇があまりよくないのでしょうか。

　早速店長に面談を申し込みました。もちろん障害者雇用はしたことのないお店です。パック詰めや品出しが中心ということなので，とりあえず1週間の実習をお願いしました。現場実習期間外の実習なので，進路担当が付き添いました。確かに仕事のペースはゆっくりですが明るい性格なので，すぐにパートのみなさんから受け入れられました。

いつも「もやし特売20円」といった POP をパソコンで作っている若いパートさんがお休みの日のことです。急に値段が変更になってあわてて店長が代わりにパソコンに向かい始めました。それをAさんは真剣に見ていました。実はAさんはパソコンが得意だったのです。ふと店長がそれに気づき「やってみるか」と尋ねました。「うん」と言って見よう見真似で作ってしまいました。これにびっくりしたのがパートさんたち。「へえ，若い子は違うねぇ」「たまげたよ」

　もともと体力的に長時間の立ち作業が苦手だったAさんは，その特技を買われて，作業の合間に POP を作ることが仕事になりました。8時から12時という労働時間もAさんにはちょうどよい長さでした。晴れて1日4時間，週5日の週20時間の短時間労働で，障害者法定雇用率もクリアして採用内定通知をもらえました。

　この後，Aさんと保護者の方と進路担当で，1週間のスケジュール表を作ることにしました。水曜日午後のスイミングは，在学中と同じ時間帯で続けられるようになりました。またピアノを習いたいというAさんの希望を受け入れ，木曜日の午後の初心者コースを申し込むことにしました。月曜日の午後は老人ホームにいるおばあちゃんに会いに行く日と決めました。火曜と金曜は自由時間です。また何か興味をもったことがあれば，それに使えます。

　ご兄弟がいるので，ずっとこの家で一緒に住めるかどうかわかりません。機会があったらグループホームの見学もしてみることにしました。そして何より，障害基礎年金の受給について，20歳になる3か月前に診断書をもらって市役所の国民年金課に手続きするように，何度も確認しました。こうしてAさんは学校を巣立っていきました。

極意 3 職業人である前に社会人であれ

　次の表は企業における就労継続が危うくなった卒業生の「問題」の一部です。いずれも作業速度，作業量，正確さといったワークキャリアの力不足ではなく，ライフキャリアに関する力の未成熟や未学習によるものであることは明らかで，それを基礎的・汎用的能力に分類してみました。

課題対応能力	課題に気づき，どうしたらよいか悩み考え，助けを得ながら，自分の意思で解決できるようになる。	通勤途上でのアクシデントに対処できない。 わからないことを質問したり聞き返せない。 忘れたら借りれば済むことなのに言い出せない。 異変に気づいているのに誰にも伝えない。 身体の不調やけがに対して助けを呼べない。
キャリアプランニング能力	授業や行事などを通じて，少しでも先のことを考えて，目的をもって計画的に行動できるようになる。	更衣，食事，手洗いなどに時間がかかりすぎる。 休憩時間をどう過ごしたらいいかわからない。 ぎりぎりに出勤し，いつも朝礼に遅刻をする。 休憩時間でないときにしばしばトイレに行く。 何度催促されても書類を期限までに提出できない。
人間関係形成・社会形成能力	お互いの気持ちを理解したうえで，チームのために力を合わせることができるようになる。	異性社員につきまとったりトラブルを起こす。 「ありがとう」や「ごめんなさい」がすぐに言えない。 誘われても，何も言わず一目散に帰ってしまう。 休憩室の長椅子に寝そべってテレビを見ている。 人から借りた服を畳んだり洗濯もせずに返す。
自己理解・自己管理能力	ルールを守りながら，可能性を信じて，自分からチャレンジすることができるようになる。	できるのに自分のロッカーの中を整理しない。 注意されるとすぐに人のせいにしたりカッとする。 ミスを素直に認めずウソをついたり隠したりする。 給与明細書をなくしたりぐちゃぐちゃにする。 人前で鼻をほじったり頭を掻いてフケを落とす。

こうしたトラブルは，私の進路担当の経験からも，本人の採用を決定した経営陣や人事担当の目や耳に入る頃には，かなり大ごとになってきています。つまり，こうした芽は，かなり早くから現場で一緒に働くみなさんがキャッチしていて，その都度，何となくおさめてきたものがかなりあります。

　しかし何度も注意しても同じようなことを繰り返したり，実習や採用当時にいなかった新たな方々が増えてくると，急に現場に違和感が出てきます。たとえ，会社側が本人のそうした隠れた問題性をはじめから承知のうえで採用したとしても，一緒に働くことになる現場サイドがそれを納得したり受容したとは必ずしもいえないのです。最初のうちは職務命令と割り切っていても，たび重なったり，度を増してくると，堪忍袋の緒が切れかかってくるというのが，人間の正直な気持ちです。

　さらに，事情を知らされずに，後から入ってきた方々のなかには「何でこんな子が働いてるのよ」「新入りの私が，何でこんな子の面倒まで見させられなきゃならないの」といったヘイトスピーチまがいの発言をする人まで出てきたり，それが陰湿な嫌がらせに発展する事態になりかねない現実があります。

　会社としては社会的な信用もありますし，社会貢献の観点からも，卒業生たちに少しでも仕事を覚えて慣れてほしいと思うので，その点に関しては，手取り足取り，スモールステップで教えることには長けています。しかし，こうした「生活指導」的なことにはノウハウもなく，慣れていません。結局は「辞めていただく」「辞めざるを得なくなる」という方向に次第に傾いていくのです。

事例 2　社員旅行で社長に背中を洗わせたBさん

　Bさんは，１回の実習で内定がもらえるほどの優等生でした。

　入社してから仕事を頑張って覚え，秋にはほぼ一人前になったBさん。その年の瀬，社員旅行で温泉に連れていってもらい，早速，社長たちと一緒に大浴場に入りました。しかし，そこでのBさんの行動に社長も男性従業員もびっくり。お湯をかけることもなくいきなり浴槽にドボンと飛び込んで泳ぐやら，上がったら上がったでどこも洗おうともせずに突っ立っているだけ。とうとう社長自らがBさんの背中を流してやるといった珍事が，男性従業員の目の前で起きました。

　社長は本当に心が広い人で，進路担当が翌年３月にアフターケアで訪問したおりに，はじめて「笑い話だけどね」と言ってこのことを聞かせてくれました。進路担当は顔から火が出て，正に穴があったら入りたいという気持ちでただただ平謝りでした。

学校に戻って，旧担任に「宿泊学習や修学旅行の時はどうだったの」と尋ねると，一様に「何でもさっさとやる生徒だったから，重度の生徒のことに気を取られていて，ほとんど様子を見ていない」と言います。確かに生徒会長をするほどのしっかりとした生徒でしたから，誰もが基本的生活習慣や日常生活動作は当然できていたはずだという認識でした。

　進路担当はこのことを母親にも話し，「家ではちゃんと洗っていますか」と尋ねました。すると母親は，すまないとも迷惑をかけたと言うでもなく平然と，「小さい頃は私がよく洗ってやっていましたが，中学生になったら１人で入ると言い出したので，それからはずっと１人で入っています」と言います。ちゃんと洗っているのか確認していますかと聞くと，「あらやだ，のぞけませんよ。以前は出てきた時に『洗った？』と聞いたこともありましたけど『洗ったよ』って言うので信じてました」とあっけらかんと話しました。

　確かに，のぞけなくても身体や髪の匂いや，浴槽の垢の浮き具合，フケの出具合，入った後の石鹸やシャンプーの減り具合や残り香など，いくらでも確認の手段はあったはずです。または，父親や兄弟に偵察を頼む手もあったと思います。

　会社ではそれ以来，口コミで「珍事」が広まり，「仕事は一人前にできるのに，甘やかされて育ってきたんだな」「汗かく仕事をしてるのに風呂に入ってこないなんて不潔だ」「おい，なんか臭わないか」といった具合で，一人前と認められ出した秋頃と，職場の雰囲気もBさんに対する風向きもすっかり様変わりしてしまいました。

　そして，入社２年目の慣れた頃に起こした些細なミスを大きく中傷され，Bさんはすっかり自信をなくし，とうとう出社を拒むようになってしまいました。

いかがでしょう。後日談はともかくとして,「入浴」と就職を結びつけて考えるキャリア教育など,思いもつかなかったことだと思います。この事例が,反対に「社員旅行で社長の背中を流してあげたBさん」というタイトルだったら,社内評価は180度違っていたはずです。

誰も就職するためのワークキャリアとして「入浴」の仕方を学ぶ人はいません。今はやりの「ソーシャルスキルトレーニング」でさえ,ここまでを取り扱うことはまずありえません。しかし企業に就労するということは「社員旅行」に参加するということとセットなのです。職種によっては作業後に会社の浴場で汗や臭いを取ってから帰宅するようになっているところもありますし,運がよければ,泊まりがけの出張や研修に連れていってもらえるチャンスが巡ってくるかもしれないのです。

就労するしないにかかわらず,ライフキャリアとして「入浴の仕方」を身に付けておけば,なんていうこともなく,普段通りにすればいいだけのことです。「ばれたら大変」なんて思う基本的生活習慣や日常生活動作がもしあるとしたら,それこそ,今日から取り組み出さないと,せっかく就労の切符を手に入れても,泡のように消えてしまいかねません。

「職業人である前に社会人であれ」ということは,仕事というものは,常に人との関係性つまり社会性を前提にしているということです。集団労働でなくても,仕事の前後で必ず人や社会とつながっています。つまりそこには人間社会のルール,集団生活のマナー,人づき合いのセンスが介在しているということなのです。

キャリア教育では「人間関係形成・社会形成能力」が,自立活動では「人間関係の形成」が置かれ,自閉症の児童生徒を対象にした,領域・教科等を合わせた指導として「社会性の学習」が設けられている意味は,そういうと

ころにあります。

　と同時に，こうした力は何も「働く」ために必要なものではなく，暮らしたり楽しんだりするときに，いつでもどこでも役立つ力なのです。ですから，就労をめざしたけれど叶わなかった，最初から就労は考えていないという方々にとっても，学んでおいて損なものではありません。なぜなら，こうした社会性や人間関係性が最も必要になってくるのは，「就労」の時よりむしろその後に訪れる，グループホームへの入所時，親亡き後，リタイヤ後です。住み慣れた地域でとにかくうまくやっていくには，私たちもそうですが，まずは近所づき合いができるかどうかにかかっています。「好かれなくてもいいから嫌われないように」という保護者の願いは，非常に的を射た「生きていくコツ・知恵」だと思います。

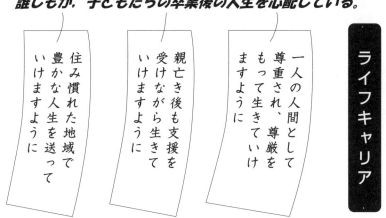

キャリア教育の視点とは，
卒業後に，職業人としてより
まず社会人として生きていけるように育てること

生きる力
の育成

誰しもが，子どもたちの卒業後の人生を心配している。

ライフキャリア

住み慣れた地域で豊かな人生を送っていけますように

親亡き後も支援を受けながら生きていけますように

一人の人間として尊重され、尊厳をもって生きていけますように

キャリア教育というのは，なりたい自分へ近づく，つまりは自己実現への
お手伝いといってもいいと思います。しかし多くの場合，保護者の願い・思
いによって進路が方向づけられてしまいがちです。個別の教育支援計画の長
期目標を立てる際にも，「本人の願い・思い」ということを真剣に聞き出し，
もし「保護者の願い・思い」と違っていても，しっかり明記するといった担
任はどれだけいるでしょうか。そしてその場合，本人と保護者のどちらの願
いに基づいた長期目標や支援計画を立てているのでしょうか。

 事例 3 大学に行きたいと言ったCさん

　ダウン症のCさんは，保護者がずっと運動をさせてきたため，わりとすらっ
とした体格の高等部生徒でした。保護者はこの子に合った仕事があれば就労さ
せたいと思っていました。しかし具体的な話になると，「それはこの子にはき
つそう」「もう少しきれいな仕事はないんでしょうか」と，なかなか納得しな
い保護者でした。

　実習先を決める三者面談のおりに，保護者が「まあやってみないとわかりま
せんから」と渋々受諾をしたので，本人にも「ここでいいね」と念を押したと
ころ，「ぼく，だいがくにいきたい」と吃音でつぶやきました。「何言ってるの
よ」と保護者が口を挟みます。しかしはじめて本人自身が自分の将来のことを
口にしたので，理由を尋ねました。「おにいちゃん，たのしそう。ぼくもいっ
てみたい」と言います。保護者が補足説明するには，地方の大学に入学した兄
が，ゴールデンウィークに帰省していろいろ楽しいことを話して遊んでくれた
らしいのです。

進路担当は思い切って実習を延期しました。そして他の子が実習に行っている間に，Ｃさんをある大学に連れていきました。広いキャンパス，楽しそうに話している大学生たち，テニスの音。Ｃさんはすっかり気に入ってしまいました。そしてお昼が近づいたのでカフェテリア食堂に入りました。ここでも大学生が楽しそうにおしゃべりしています。カフェテリア式なので，厨房もよく見えます。セルフサービスで下膳した食器がベルトコンベアで運ばれていくのをＣさんが興味深そうに眺めていました。それを進路担当は見逃しませんでした。「ここで働いてみないか」「うん」Ｃさんは目を輝かせて即答しました。

　こうしてみんなから少し遅れて始まった現場実習ですが，Ｃさんは楽しくてたまりません。実はこの大学は，Ｃさんの特別支援学校に介護等体験や教育実習で来る学生がたくさんいて，実習中も「あっ，Ｃ君でしょ」と声をかけてくれた女子学生がいたほどです。

　２回の実習を見事にクリアして，Ｃさんは大学生協のパート職員として内定がもらえました。仕事は皿洗いや掃除など，保護者が言うところのきれいな仕事ではないかもしれませんが，本人が気に入っているということと，大学というブランドですぐに賛同してくれました。兄と同じく大学に行けることになったＣさん，帰省した兄とも話が合いそうです。

　そして春，守衛さんに ID カードを見せて堂々と正門を通り，広いキャンパスを闊歩して食堂に向かうＣさんは，卒業がやってこない「大学生」になりました。

　「なりたい自分」というのを本人に表現させると，ほとんどが保護者の意向と異なります。通常の小学生なら「サッカー選手になりたい」「タレント

になりたい」などと言っても，頭ごなしに否定されることはなく，微笑ましく受け取ってもらえます。なぜならそれは年齢が進むにつれて現実がわかってきて，変わっていくはずという前提に立っているからです。

　しかし特に知的障害者の場合は，変化しにくく，高等部になっても「新幹線の運転手になる」とか「歌手になる」と言い続ける人が少なくありません。これは，これまでのキャリア教育の最も失敗した部分です。まず何よりも「職業」というものを教える段階で，ほとんどすべてが「専門職」しか念頭に置いてこなかったためです。

　お花屋さんにしろ，消防士にしろ，野球選手にしろ，トリマーにしろ，すべてが「具体的にイメージできる仕事」なのです。何を言いたいのかというと，世の中の多くの人はそうした「見える」仕事をしているわけではなく，「会社で働く人」であったり「公務員」であったりするのです。つまり，そのなかでどんなことをしているのかは具体的に見えてこないし，数年すれば仕事がどんどん変わっていく立場に置かれているのです。

　だから小学生が「サラリーマンになりたい」だの「会社で働きたい」などと言おうものなら，「もっと夢はないの？」などと聞き返されてしまいます。本当は保護者が最終的に期待している最も現実的な答えなのに。

　つまり従前のキャリア教育は「お仕事探し」とあおりながら，実は非現実的な専門職しか対象にしてこなかったがゆえに，進路選択を前にした高校生が，実際に来た企業の求人票を突き付けられて「キャリア教育やった意味なんてねえじゃん」という結果になってしまうのです。

　そういう意味で，特別支援学校ではなおさら，職種を絞り込まないほうがその後の進路を描きやすくなります。サッカーの選手になりたいという夢を

語らせておいて，一方では清掃検定にパスしたからといって，清掃関連の会社に実習に行かせ，将来は「清掃員」と勝手にレールを敷いて，その上を突っ走らせては，あまりにひどいキャリア教育ではないでしょうか。

　世の中には「実際には実現しないことだから夢という」という人もいます。また「夢をもつことで，夢に近づける」という人もいます。なりたい自分に近づく努力をさせるための支援もせずに，現実的な進路に強引に曲げていくのは，「どうせ理解できない」「現実をわかるはずがない」と決めつける，知的障害者に対する偏見つまりは人権侵害だと思います。

　まずは聞く耳をもちましょう。ちょっとしたつぶやきのなかに，本音がちらりと顔を出すかもしれません。頭のなかでは理解しにくいので，ぜひ夢というものを具体的に体験させましょう。体験することで「思っていたより結構しんどいな」「もっと楽しいと思っていた」といった感想をもらす生徒も出てくるでしょう。「それでも頑張る」「つらいけどやってみる」というのであれば，しばらく努力させましょう。

　しかし多くの場合，あきらめて次の夢に移っていきます。これはとても大事なキャリア発達です。つまり世の中ではベストな選択なんてできることはほとんどなく，多くの場合はベターな選択で折り合いをつけて我慢せざるを得ないからです。つまり，強引に誘導するのではなく，本人なりに納得し，自分で選んだんだ，決めたんだという自覚をもちながら，進路変更していけるように工夫するのが，「意思決定支援」です。どんなに重度な生徒であっても自分の意思があります。ただ，その表現力が乏しかったり，その人なりの表現を理解してくれる人が周りにいないために，勝手に「代行決定」されてしまっているケースが少なくないのです。

極意 5 夢や願いの落としどころを用意すべし

　進路担当や卒業学年担任をしていて一番悩むのが，企業就労の力がまだ十分備わっていないと思われるのに，どうしても就労させたいとか，卒業までに就労先を決めてほしいと懇願してくる保護者です。いくらアセスメントのデータや過去の実績などを示して説明しても，頭ではわかってくれても気持ちがおさまらないという方々がほとんどでしょう。そうした場合，保護者自身に職場や労働の大変さを体験してもらい，「あなたが社長だったら，お子さんをここで採用する気になるか」と問うてみる手があります。

 ## 事例 4 Dさんと一緒に働いてみた母親

　Dさんは，重度の知的障害ですが，作業は一度覚えるとあきずに黙々とこなせるタイプです。その点をもって母親は単純労働で就職をと願っていました。ただ発語はあるものの他人にはほとんど聞き取れず，ふざけ出すと止まらないといった難しさがありました。

　施設や作業所で実習してきて，ほぼ進路先も見えてきたのでもうこれ以上実習の必要性はなくなりました。しかし母親は今一ついい顔をしません。「だめと言われたのならあきらめもつきますが，学校は一度も企業での実習をさせてくれないんですね」と，率直な気持ちを伝えてきました。父親が授業参観に来た時に聞いてみると，父親は「私が経営者だったらとてもじゃないけれど娘は雇えませんよ」と言います。やはり社会の厳しさを知っている人の重い言葉でした。

　でもこのままでは，きっと母親は清々しい気持ちでは卒業を迎えられないと

思い，進路担当はある計画を思いつきました。

　その計画とは，母親にDさんと同じ職場で働いてもらい，Dさんの優れた部分と苦手な部分を肌で感じてもらおうというものでした。早速懇意の実習先に連絡を取り，まず母親にそこのアルバイターとして働いてもらうことにしました。そして母親が仕事に慣れて，周りを見る余裕ができたのを見計らって，Dさんを実習に出しました。

　もちろん朝は同じ家から出るので，仕事が始まるまでは母親がついていなければなりません。仕事内容は違うのですが，一応母親がいつでも，Dさんの仕事ぶりを見ることができる場所で働いてもらいました。そして昼休みはあえて違う場所で，それぞれ弁当を広げて過ごしてもらうことにしました。

　障害者雇用に慣れている会社なので，Dさんにはベテラン指導員がつきました。簡単な作業の繰り返しだったのですぐに覚えました。こうして3日間は何事もなく終わりました。

　ところが4日目，Dさんは仕事や職場に慣れてきたと同時に，余裕が出てきて，他の従業員にちょっかいを出したり，タオルなどをわざと放り投げて注意を引くといった行動に出ました。これは学校でもよく見られたものでした。早速注意を受けると，それがまたおもしろくなって，行動がどんどんエスカレートしていきました。母親はどれだけ「だめでしょ」と叱りたかったでしょう。しかし，実習中のDさんの指導は一切してはいけないという約束をしていました。

　その後もトイレに閉じこもったりしたことがあり，母親は「従業員の方々は自分たちの仕事もせずに娘のために気を遣ってくれました。それがわかっただけで十分です」と言い，晴れやかに実習を終えました。

実習の反省会の前あたりに，わが子の仕事ぶりを見学する機会を設けている学校もあると思います。しかし20〜30分程度の見学では，授業参観と同じく，保護者の目を気にして張り切ってしまうのが子どもというものです。ですが，この事例のように実習期間中の一部始終を見るということは，普段家では見せないわが子の実態が手に取るようにわかります。いくら学校でも同じようなことがあってと担任が説明しても，信じてもらえなかったことが目の前で展開されるのは，ショックであると同時に，この先の人生を本気で考えられるきっかけになったと思います。

　この事例のミソは「母親と一緒に働いたDさん」ではないことです。それならば，2人で1人分の働きしかできず，本人にとっても常に母親と一緒で，あまりいい状態ではありません。ここでの趣旨はあくまでも母親に，障害者が働く職場の雰囲気を実体験してもらうのが目的です。私たちも付き添い実習で1日でも生徒のそばで働くと，卒業生の偉大さが身に染みてわかるものです。

　後日談ですが，この母親はずっと専業主婦で，一人娘のDさんの面倒を見ることばかりを考えてきたので，働きに出たことがありませんでした。そういう意味で，社会に対する淡い幻想を抱いていたのかもしれません。しかしこの体験で，父親が言っていた意味が理解できるようになり，一念発起して，新しい作業所づくりを手伝うようになり，Dさんをグループホームに入れ，今や施設長として活躍しておられます。

　障害が重度であっても，家でのお手伝いがそこそこできると，ついつい「会社でも働けるのでは」と思ってしまいます。確かに理解ある会社で，本

当に仕事に見合った賃金でならば雇用も可能です。しかし平成24年10月に「障害者虐待防止法」が施行され，低賃金での雇用形態は摘発の対象となってきました。もちろん悪徳企業もあるので，人権擁護の観点からは正論です。

　しかしみなが最低でも１時間に10個は作れるものを，どんなに頑張っても５個しか作れない人がいるとします。そうした方を採用基準に達しないからと門前払いする会社と，「半分の賃金だけれど」と言って受け入れてくれる会社と，どちらが障害者雇用に理解ある会社といえるでしょうか。前者のような０か１かでしか考えてこなかった企業に風穴を開けるのが職場開拓です。

　確かに，今でも最低賃金除外申請を労働基準監督署に提出すれば合法的に低賃金で雇用することは認められています。また特定求職者雇用開発助成金といって，企業がそうした人に最低賃金以上をまず支払って，その後助成を受けるといった制度もあります。しかし問題は１年半といった支給年限があることです。つまりその年限が来ても一人前の仕事ができるようになっていない場合，企業はそれでも持ち出しで最低賃金を払い続けるか，解雇や自己都合退職の方向で話が進んでいくかの選択になってしまいます。

　もちろん労働搾取や人権侵害が目的では話になりませんが，労働に見合った賃金という考え方で，企業就労が可能になる人もいなくはないのです。それでも最低賃金を保障しなければならないと正論を掲げるのなら，それこそ

残り半分の賃金を，雇用中ずっと税金等で上乗せできる制度に改正する提案を国会にすべきではないでしょうか。

　最低賃金が出せるような働きをできる人だけが職を得て，そうでない人は月数千円から数万円の施設や作業所で「はたらく」という，文部科学省の特別支援教育統計上での「雇用」か「無業」かの線引きが，それこそ「就職率」の足かせになっていると思います。

　そういう意味で，企業が特例子会社と同じように，「特例就労継続支援事業所（仮称）」といったものを設置し，そこでは最低賃金を保障できない人々にガラス張りのなかで働いてもらい，企業の障害者法定雇用率に反映（１人を２人とカウント）するといったシステムができれば，そこで雇用される卒業生はみな「就職率」にカウントされることになります。また新たに設立しなくても既存の施設や作業所を傘下に置くことでその条件を満たすようにすれば，労働基準監督署の監視が行き届くところで，合法的に最低賃金除外の雇用が実現できると思います。

　確かに最低賃金が時給930円というのは，企業にとっては障害者雇用に二の足を踏ませる金額です。高等特別支援学校に進学した生徒たちだけが「就労」の切符を手にし，その受験に落ちて特別支援学校高等部に進んだ生徒は，施設や作業所での「福祉的就労」ではあまりに差がありすぎます。ワークシェアリングの考え方で，働くことを希望する生徒みんなが「就労」のパイの分配にあずかれるような障害者雇用システムづくりが必要です。一部の選ばれた障害者だけが恩恵を受けるのではなく，できるだけ多くの障害者が「経済の担い手」になれるようにすれば，生徒の「はたらこうとする意欲」も，保護者の「はたらかせたい意欲」も，教師の「はたらけるようにする意欲」もまた違ってくると思います。

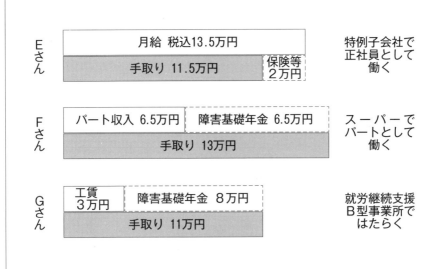

卒業して３年目（21歳の時）の月収を比較すると

Eさん
月給　税込13.5万円
手取り 11.5万円
保険等 2万円
特例子会社で 正社員として 働く

Fさん
パート収入 6.5万円　障害基礎年金 6.5万円
手取り 13万円
スーパーで パートとして 働く

Gさん
工賃 3万円　障害基礎年金 8万円
手取り 11万円
就労継続支援 B型事業所で はたらく

障害基礎年金は，申請により20歳の誕生日以降受給できる。
１級が約８万円，２級が6.5万円。支給開始後は毎月の保険料が免除となる。

　上の図は，特別支援学校を卒業して３年目，つまり21歳になった時の手取り月収を比較したあくまでもモデルケースです。もちろんＥさんは念願叶って特例子会社に正社員として就職できたのですから，当然月給が高いでしょう。しかし，収入というのは何も会社からもらうものばかりではありません。20歳になると，申請して認可されると障害基礎年金が受給できます。後で述べる療育手帳の等級とは連動していませんが，中度Ｂ１（３度）以下ならばほぼ確実に受給できます。その額や月約6.5万円（重度は約８万円）です。

軽度Ｂ２（４度）の場合は，必ず受給できるとは言いきれません。Ｅさんがもし受給できないケースだと，月給のなかから所得税（年収130万円を超えるため），厚生年金の保険料（ここには国民年金の保険料も含まれます），健康保険の保険料，雇用保険の保険料などが天引きされてしまいます。Ｆさん，Ｇさんはパートや事業所の利用者なので，健康保険や雇用保険などの天引きはありませんし，障害基礎年金の受給開始以降，国民年金の保険料徴収が免除されます。そうやってトータルな手取り収入を比較したのが先の図です。月収13.5万円のＥさんと，月額工賃が３万円のＧさんの手取りが，ほとんど同じになってしまいます。

　確かに福利厚生や働き甲斐などもっと総合的に比較すれば，そんな単純な計算ではないのですが，少なくとも卒業後にダイレクトに「就労」だけしか頭になかったり，何度現場実習を繰り返しても就労に結びつかない本人や保護者に対しては，別の道もあるという提案材料になるかもしれません。

　世の中では，正規労働（月給で受け取っている正社員）と非正規労働（パート，アルバイトなど時給で給与を受け取っている労働者）を生涯賃金で比較して，非正規はだめだとしています。小・中・高校で行われているキャリア教育の根幹もそこです。

　しかし特別支援学校の卒業生の場合は，必ずしもそうとは限らないのです。特例子会社の場合，設立した時に20人も一度に雇用してしまいますが，その後辞める人がほとんどいないので，新卒者が入ってきません。設立時はみな18～20歳であっても，30年後には社員全員が50歳前後です。クリーニングといった肉体労働の仕事では，みな身体がきつくなり能率が下がります。事務や部品組立などの仕事でも老眼で細かいものが苦手になります。そのため月給は入社時とそれほど変わっていかないのが現実です。

一方，パートで一般企業に障害者枠で就職した場合，最低賃金の改定とともに少しずつアップしていきます。雇用の不安定さは確かにありますが，卒業の時点においてベストだと思っていた就労先が，5年後，10年後，20年後もベストのままであるはずがないのです。その理由は4つです。

---

①本人の体力が年齢とともに低下する

　（知的障害者は45歳で健常者の60歳くらいに老化するといわれています）

②保護者が病気や老化や介護のため支援が難しくなる

　（兄弟も転勤や結婚などであてにできるとは限りません）

③グループホーム入所などや転居で通勤できなくなるかもしれない

　（入所先，転居先が近くとは限りません）

④会社の移転や合併・倒産などがないとはいえない

　（企業は生き物です。特例子会社だって保証はありません）

　つまり，卒業して就職して終わりではなく，常にベストに近い形を模索していく必要があるのです。どう考えても無理して働いている状態なのに，「終身雇用」だの「離転職は不利」と現状にしがみついていたら，それこそ心身ともにボロボロになって，再就職はおろか入院生活を余儀なくされるかもしれません。もちろんそれは本人だけでできるものではなく，生活全体をコーディネートしてくれるような人や支援機関を早いうちに探しておく必要があります。

　そういう意味では非正規労働のほうが，いつでも辞められるので，自分や家族にとってその時々で，最適な道を選択していける余地があります。遠くのグループホームにしか空きがなかったなら，今の会社に遠距離通勤することを考えるより，まずそのグループホームに入ってから近くの会社に転職すればいい話です。体力的にきつくなったら，もっと楽に働けるところを探せばいいだけのことです。ハローワークには，障害者専門の相談窓口があります。

特に知的障害者の場合は，お金をたくさん稼ぐこと（高給取り）を目標に
しないほうが，私の経験からしていいと思います。所帯をもって子育てする
チャンスに恵まれればいいですが，多くの知的障害者の場合はお金の使い道
に限界があり，反対に貯め込むと財産をねらってくる者が必ずやいます。だ
から生涯賃金云々で正社員を選ぶというのは，知的障害者の場合はそれほど
重要なファクターではないのです。何もお金持ちになる必要はありません。
体力に見合ったところで「適当に」稼いで，生活を楽しんだほうが，この世
に生を受け，かけがえのない人生を生きた甲斐があるというものです。

　世の中の「勤労観・職業観・労働観」はどんどん変化しています。20世紀
に叫ばれた，真面目で，素直で，従順な，いわゆる勤勉な労働者では，今の
変化の激しい時代を生き抜いていくことはできません。21世紀は，ワーク・
ライフ・バランスがしっかりでき，言うべきときははっきりと意見が言え，
さらに提案もできるような労働者でなければならないのです。

　卒業を前に，本人，保護者，担任でもう一度確認しましょう。

---

①進路先は最終的に本人が納得して決めましたか

　（うまくいかなかったときに保護者や担任のせいにしない）

②進路先は後でも変えられることがわかりましたか

　（同じ会社に長く勤めることが必ずしもいいことではない）

③困ったときに相談できる人や組織を決めましたか

　（誰かに悩みを打ち明けることは恥ずかしいことではない）

④就職以外の楽しい夢や希望は叶えられそうですか

　（労働者になることだけが夢・希望・願いだったはずはない）

第2章

保護者の不安に
上手に応えるコツ

明日役立つライフキャリア教育

発達の状態や進路先決定とは無関係に卒
業だけは平等にやってきます。将来の不
安に押しつぶされそうな保護者に、それ
にどう立ち向かい、卒業までに最低限ど
んな対処をしておけばよいのか、エビデ
ンス（根拠）に基づいた情報提供とアド
バイスの仕方を紹介したいと思います。

コツ1 「近未来志向」のすすめ
～1分1秒後だって将来～

　早く卒業して働きたい，上の学校に行ってもっと勉強がしたいと卒業を楽しみにできるのは，その先に今よりもっと楽しい未来があるという「夢」を描けるからです。保護者にしても同じです。「卒業」を晴れがましく思えるのは，子どもを働けるまでに成長させ，やっと子育てが終わったんだといった養育や扶養の責任から解放されたという満足感，充足感があればこそです。

　しかし障害が重度の子どもの場合は，こうした感動や満足感は少なく，むしろ将来の不安ばかりが頭をよぎり，「できればもう1年在籍したい」などと心で思っている方々が少なくありません。その最も象徴的な言葉が，成人後に保護者からよく聞かれる「学校時代が一番よかった」と述懐される一言です。さらに，在学中は学校に対していろいろと不満をもっておられた保護者であっても，卒業後の生活や処遇から比べれば，「まだ学校時代のほうがよかった」と振り返られる方々がかなりいるのです。

　保護者から在学中はいろいろと注文をつけられてきた学校ですが，卒業すると学校のいったい何がそんなに魅力的に思えるのでしょう。別れたり失ってはじめてわかる「恩」や「愛情」のようなものでしょうか。それとも単に，充実した施設設備とか職員の多さでしょうか。学校としては，優れた教育力とか教職員の質の高さにそれを感じてほしいところでしょうが。

　再び保護者の願いを見てみましょう。第1章と比べ，こうなってほしいという願いより，今から改善できるのだろうかという不安が漂ってきます。

・団体行動で騒いだり動き回ったりしないでほしいです。

・人と接するとき，年齢的にも社会的にも不適切な行動をしないでほしいと思います。

・風邪を引きやすいので強い体になってほしいです。

・嫌なことがあっても，壁や弟を蹴飛ばさないようになってくれればと思います。

・トイレをきれいに使えるようになってほしいです。

・公共のトイレでズボンを下ろさずに用を足せるようになってくれたらと思います。

・遠足が苦手で楽しめません。不安な気持ちを少しでも取り除けたらと思います。

・親がいつもそばについていなくても，何とか自分の力で食事ができるようになってほしいと思います。

・恥ずかしいという気持ちをもてるようになってほしいです。

・日課は楽しめるので，せめて起きていられるだけの体力がついてほしいと思います。

・着替えのとき，自分の服かどうか確認したり，なければ周りを探すなり誰かに聞くなりできるようになってほしいです。

・月1回の診察を我慢して受けられるようになってほしいです。

　いずれにしても学校は，卒業後の生活に「困らないように」「役立つように」「何とか生きていけるように」という思いで，キャリア教育に取り組んでいますが，それが十分できないうちに，自動的に卒業というタイムリミットが来てタイムオーバーになってしまっているという現実もあるのではないでしょうか。

　もちろんキャリア教育は，「卒業後」や「10年後」の姿をめざして取り組むだけではありません。むしろ次の図のように，「喉が渇いた」という切実

な欲求に対して，どうしたら飲み物を手に入れて，喉を潤すことができるのだろうかと考えることだって，立派なキャリア教育なのです。つまり「今何がしたいか」「次の時間に何をやりたいか」といった身近な「欲求」を果たすために，これからどうしていくかを考えていけるようになることが，キャリア教育の基礎基本で，この繰り返しや延長上に「卒業」や「進路」があるに過ぎないのです。

　さらに，私の提唱するライフキャリア教育では，将来への備えという点で，小学部の児童や保護者に「高等部卒業後」をイメージさせるのは難しく，モチベーションも高まらないので，「中学部」または「次の学年」に進学したときに困らないようにといった視点をもってもらいます。

ライフキャリア教育の視点

放課後デイサービスで使える力
居住地(校)交流で使える力
一時入所施設で使える力

社会ではどんな生きる力が必要とされるのか

どんな力をつけておけば将来の生活で役立つのか

明日使える力
次の学年で使える力
中学部に行って使える力

　例えば，その特別支援学校では小学部３年生から宿泊学習があるとすると，小学部２年生の児童の場合は，あと１年間で何とか「母親から離れて寝る」ということができるようになれば，はじめての宿泊学習で嫌な経験を積んだり，その後のトラウマにならずに済みます。「予習」ではありませんが，学校行事に向けて準備をする，それを親子で頑張るきっかけや動機づけにするという意味は大きいと思います。これは卒業をめざして社会人になる準備をしていく過程（世間ではこのことだけを指してキャリア教育といっているのですが）とまったく同じことです。

　上の図でもう１つ強調したい点は，学校も保護者も暗黙のうちに「卒業」を前提として，社会に出て困らないようにと教育しているわけですが，現実

には，卒業を待たずして永遠の旅立ちをされる児童生徒がいます。事故などではなく難病などの場合，それがある程度予想できたりすると，卒業して社会人になれないのに，どうしてキャリア教育なんてしなくてはならないのかという鋭い質問が本人や保護者から浴びせられることがあります。また「何のため」という目標を見いだせないまま教育する虚しさを感じる教師もいるでしょう。つまりキャリア教育を「卒業後に社会でやっていけるように，小学部から積み上げる教育」と捉えている限り，非常に残酷な「教育」となってしまうおそれがあるのです。

　そこでライフキャリア教育では，将来に備える力を「明日使える力」と捉えます。明日の生活が少しでも楽しめるように，この先，生きていくのが少しでも楽になるように，今学習をすること，それがキャリア教育だと捉えるわけです。文字の勉強だって，就職するためにとか受験をするためにするのではなく，明日好きな子に手紙を出せるようにとか，好きなタレントのことが書いてある雑誌が読めるようにといった「目標」ならば俄然やる気が出てくるはずです。

　さらに「一時入所施設で使える力」という視点も入れてあります。これは本人は元気でも，家庭で日常生活の支援をしている母親が急に倒れるということがあります。風邪くらいなら何とかなっても，交通事故やくも膜下出血などで緊急入院などという事態に絶対ならないなんていう保証はありません。先般の大震災のようにわが子は難を逃れても母親が瀕死の重傷を負って，泣く泣くわが子を他人の手に委ねないといけなくなる日が明日来るかもしれないのです。だから「社会に出るまでに何とかなっていれば」「卒業までに段階的に」といったキャリア教育の姿勢では手遅れになる可能性があるのです。「思い立ったら吉日」という言葉があるように必要になると思ったら，先延ばしにせずに学習を始めることです。

事実，保護者が面倒を見られない事態になってはじめて，緊急一時入所施設をあたっても，そう簡単にベッドの空きは見つかりません。やっと見つかったところが，自宅からかなり離れた施設になることも珍しい話ではありません。子どもにとっては，いつも面倒を見てくれる大好きな母親に会えない，見ず知らずの職員や利用者と今日から一緒に寝食をともにしなければならない，いつまでこういう生活が続くのかわからない，といったダブル・トリプルの変化が急に起こります。当然のごとく，食事は喉を通らない，お通じが悪くなる，不眠になる，イライラするなどといった神経症状が出てきます。

　これがもし，母親が元気なときに，施設で一度でもデイサービスやレスパイトケアを受けた経験があれば，変化のうちのいくつかは，クリアできるか，ショックでも軽くて済むはずです。そこまでいかなくても，一度でも母親から離れて，祖父母の家で泊まったり，学校で宿泊学習を経験しているだけでも確実に違います。

　そういう意味からすると，今全国的に盛んになっている「放課後支援」「放課後等デイサービス事業」は，確実にキャリア教育の一端を担っています。かつては家庭と特別支援学校の間をスクールバスで往復するだけの生活に，放課後支援の送迎車が登場したり，事業所での新たな人間関係が構築されていきます。また自力通学に至らない生徒が利用する各種の移動介護サービスも同じことがいえます。まだうちの子にはかわいそうとか，中学部になったら利用しようなどと悠長に考えていると，取り返しのつかない事態がそれより前に起きてしまうかもしれません。

　何事もなければ確かに18歳になれば卒業は平等にやってきますが，それまでにどれだけ「生きていくための力」をつけられたかは，障害の程度の問題ではなく，本人の努力と保護者や学校のキャリア教育に対する考え方と支援の仕方にかかっているといっても過言ではないのです。

「お守り手帳」のすすめ
～使いたいときだけ見せりゃいい～

「這えば立て，立てば歩めの親心」。この言葉は，子どもの成長を待ちわびる親の気持ちをいったものですが，この後も「話せるように」「平仮名が読めるように」「自分の名前くらい書けるように」そして「成績が上がるように」「いい高校に合格できるように」といった具合に，親の欲望はどんどんエスカレートしていきます。「五体満足で生まれてきてくれるだけで」と祈った妊娠時の願いは，いつしか遠い過去のことになってしまいます。

ところが障害のある子の保護者は，「おかしいな」「他の子とちょっと違うな」と感じた瞬間から，この一般的な流れから取り残され呆然とします。あたりまえと思っていた発達の過程が，「うちの子はそうじゃないんだ」と気づき，そして自分を含めてあたりまえだと思ってきた一般的な大人のモデルが崩れ，「この子はどういう大人になるんだろう」という不安に襲われます。

この点については，早くに障害に気づき，療育機関に通い出したり，特別支援学校を見学し始めた保護者は，「うちの子だけじゃないんだ」「こういうふうにすればわかってくれるんだ」といった育児の情報が入ってきて（情報活用能力），「中学部や高等部になるとこんなこともできるようになるんだ」とこの先のことが何となくわかり（将来設計能力），「ママ友に愚痴を聞いてもらって元気になった」といった関係ができ（人間関係形成能力），「よし，明日から子どものために頑張るぞ」と覚悟を決めたり（意思決定能力）といった，保護者自身のキャリア発達が促進されます。

しかし反対に「今は遅れているけれどそのうちに追いつく」「人一倍頑張らせればきっとできるようになる」「ちょっとだけみんなと違っているだけで別に気にすることじゃない」などとなかなか現実を直視したがらない保護

者もいます。子どもの状態を客観的に捉えられないという情報活用能力の問題でもありますが，ほとんどの場合はわかってはいるけれど認めたくないという意思決定能力に問題があります。またこのままやっていけば何とかなるといった見通しの甘さ（将来設計能力）や，他人のアドバイスを聞き入れなかったり孤立している（人間関係形成能力）ケースも多いと思います。結果的に高校進学時に行けそうな高校がないとか，高校は出たけれど就職が難しいといった事態になってはじめて，「障害」という概念を半ば強制的に受け入れざるを得なくなります。そうしないと自立も社会参加もおぼつかなくなるからです。

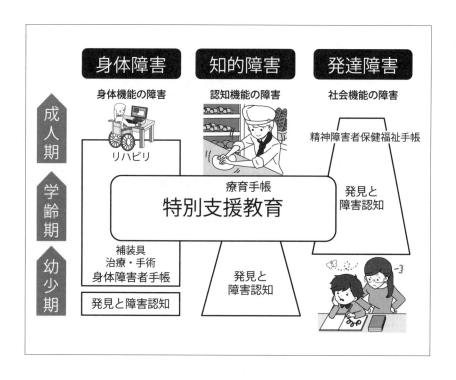

　上の図のように乳幼児期から障害を受容せざるを得ない身体障害，幼児期に発育の遅れが顕著になってくる知的障害に比べ，発達障害は学校に入って

からでないとなかなか顕在化しません。それでも「何でこんなこともできないの」「もっと真面目にやりなさい」と自信や意欲を失わせるような言葉ばかり投げかけられます。子どもの障害に合った（特別なニーズに沿った）環境が用意されることも，支援が受けられることもなく，ただただ年齢を重ねていきます。その結果，人間関係やコミュニケーションのトラブルで孤立したり，場合によってはいじめを受けるケースも出てきます。

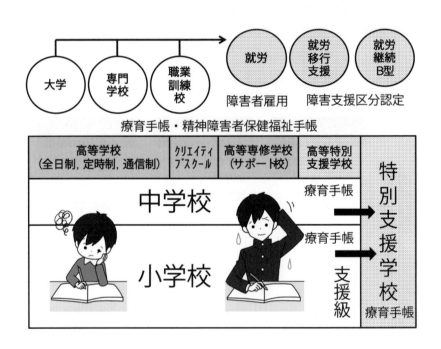

　上の図は神奈川県における，発達障害の子どもが学齢期から社会に出るまでを示した概念図です。小学校，中学校時代に療育手帳を取得できれば，就労の可能性が高い生徒を選抜して教育する高等特別支援学校か，特別支援学校高等部への進学が叶います。以前は手帳がなくても入学できたのですが，昨今は特別支援学校への入学希望者が多いため，手帳所持者が優先入学できる仕組みになってきています。定員に余裕があって，例外的に手帳を持って

いない人が入学できた場合でも，在学中に取得することを強く要請されます。

　しかし療育手帳が取得できない知的レベルであったり，療育手帳の取得を拒否した場合，入試を受けて高校進学ができればいいですが，特別支援学級に在籍して交流級で授業を受けていても定期テストを受けていないと内申書に数値による評価が書けないため，受験そのものが難しくなるケースもあります。

　図の中にある「クリエイティブスクール」というのは，神奈川県に３校（平成29年度より５校）あり，入試にいわゆるペーパーテストがありません。面接や作文等で検査し，「学習意欲」を重視して合格者を選抜する全日制普通科高等学校です。また一部の都道府県の高等学校に設置され始めてきた「特別支援学級」の場合も受験資格や入試方法が異なります。これまでは全日制がだめなら定時制，通信制という選択しかなかったのですが，インクルーシブ教育の一環として，いろいろなタイプの高校ができ始めています。

　しかし，一般の高校入試も突破できそうにない，そうした配慮された高校にも通いたくないという生徒は，高等専修学校（いわゆるサポート校）に進まざるを得ません。サポート校はすべて私立のため，公立高校の授業料が無償化になったのに，年間数十万円の授業料を家庭で負担しなければなりません。遠くまで通うことになるので通学定期券代も大変で就学奨励費の対象にもなりません。しかしサポート校は，広域通信制高校と提携しているケースが多いので修了と同時に「高卒」の資格が取れます。また，不登校や発達障害の生徒受け入れには熱心なので，そのノウハウがかなり蓄積してきた学校も増えてきています。

　そこまでして「高卒」という資格を取ったとしても，次なる関門は就職です。たとえ大学や専門学校に進学したとしても，その先に就職があることに

は違いはありません。一般求人に応募できるレベルならばいいですが，そうでないとやはり障害者法定雇用率に沿った「障害者枠」での就職しかなくなります。ここにきて，にっちもさっちもいかない現実を突き付けられてはじめて「障害者手帳」の必要性を感じる人が出てきます。配慮された高校やサポート校に進学しても，在学中に職業適性能力検査などを受けさせられて，その結果によっては卒業までに手帳を取ることを学校側から勧められるケースも少なくないのです。

　さらに，ここに至ってもなお「障害者手帳」を取得せずに一般求人で就職できたとしましょう。しかし現実は，職場内や通勤途上でのトラブル等で早々に離退職せざるを得なくなるケースが出てきます。そしてトラブルを起こしても「障害者」と認定を受けていなければ，弁護の余地もない事案も出てきます。こうなってくると次の就職も叶わなくなり，どこにも所属しない「ニート」や「引きこもり」の状態に陥ったり，うつ病などを発症する場合もあります。

　再就職がすぐに無理ならそれまでの間，職安（ハローワーク）の紹介で，職業訓練校や就労支援センターなどに通う手もあります。しかし一般の求職者と職業能力や職業適性に差があると，障害者職業訓練校（能力開発校）を勧められます。しかしこれを利用するには「手帳」が必要です。さらに「就労移行支援事業所」や「就労継続支援事業所」などを希望するとなると，手帳の有無にかかわらず，市役所の障害福祉課による障害支援区分認定を受けたり，自立支援の受給者証を取得する必要が出てきて，この過程で手帳の申請を強く求められます。

　療育手帳というのは，都道府県や政令指定都市によって「愛の手帳」「みどりの手帳」「愛護手帳」などとも呼ばれ，全国共通の身障者手帳と違い，等級も認定基準もバラバラです。18歳未満は児童相談所，18歳以上は知的障

害者更生相談所が判定を行い，都道府県知事または政令指定都市の長が知的障害と判定した者に発行しています。

　ここで注目しておきたいのは，「知的障害者」とは，知的機能障害が<u>発達期（おおむね18歳まで）</u>にあらわれ，日常生活に支障が生じているため，何らかの特別な援助を必要とする状態にある者と，平成12年に厚生省（現厚生労働省）が知的障害児（者）基礎調査をするにあたって定義していることです。この定義に沿うならば，20歳をとうに過ぎて，就職に失敗したから，福祉の制度を利用したいからといって，療育手帳を取得する，つまり「知的障害者」として認定されることはレアケースだということです。仮に成人になって交通事故の後遺症や，若年性アルツハイマー症になって，知的障害者と同じような認知や判断の状態になったとしても「知的障害になった」といわないのはそのためです。

　18歳を過ぎている場合，判定には精神科医の診断が必要になりますが，それには18歳までにすでに知的障害を発症していたという証明がないとなりません。おおかたこのような取得希望のケースでは，これまでずっと手帳取得を拒み続けてきたと思われるので，幼い頃から精神科医を受診したことはなく，発達検査等も受けてこなかったか，もしどこかの機関で受けたとしても知能指数が高くて，その時は該当しなかったのではないでしょうか。

手帳は学校選びに必要なのではなく，お子さんの親亡き後までを保障する「保険」や「お守り」みたいなものなんですよ。

高校に入れさえすれば，手帳なんていらないじゃないですか。
持っているとかえっていじめられたりしませんか。

ここで改めて確認しておきますが，最も基本となる「知的障害者福祉法」
に知的障害者の定義が存在しないということです。これはある意味で ICF
（国際生活機能分類）の理念からすると素晴らしいことだと思います。つま
り「疾病・機能障害」という枠で知的障害を考えるのではなく，「学習上」
「生活上」「雇用上」などそれぞれの場面における困難さや支援の必要性を，
そのライフステージごとに考えるという余地を残しているからです。

　ですから，学校教育法上の知的障害児の範囲と，福祉施策上で根拠となる
療育手帳における知的障害者の範囲と，障害者雇用促進上の知的障害者の範
囲が微妙に違い，その違いは排除よりも，障害当事者にとってより有利にと
いう観点で定められているのです。

学校教育法施行令 第22条の3	①知的発達の遅滞があり，他人との意思疎通が困難で日常生活を営むのに頻繁に援助を必要とする程度のもの ②知的発達の遅滞の程度が前号に掲げる程度に達しないもののうち，社会生活への適応が著しく困難なもの
療育手帳制度要綱 （昭和48年厚生省厚生事務次官通知）	手帳は，児童相談所又は知的障害者更生相談所において知的障害であると判定された者（以下「知的障害者」という。）に対して交付する。
横浜市 療育手帳制度 実施要綱	標準化されたビネー式知能検査による診断範囲値（知能指数）を用いて，以下の基準により判定機関の長が行う。 障害の程度 / 知能指数 最重度　A1　おおむね20以下のもの 重度　A2　おおむね21以上35以下のもの 中度　B1　おおむね36以上50以下のもの 軽度　B2　おおむね51以上75以下のもの 非該当　C　前各号に該当しないもの
障害者雇用促進法施行規則 第1条の2	児童相談所，知的障害者更生相談所，精神保健福祉センター，障害者職業センターにより知的障害があると判定された者。

それでも該当しないとなると，あとは「精神障害者保健福祉手帳」を取得する道しかありません。これはもともと精神疾患の人が所持するもので，病状の改善や悪化が予想されるために，2年ごとに更新する必要がありますが，精神科医の診断書があれば，判定機関による面接もなく，わりと容易に取得できます。療育手帳を申請したけれど知能指数が高くて取得できなかった発達障害の人が，児童相談所等から勧められる手帳です。名称が一般の人に誤解を与えるので，発達障害の人は躊躇するでしょうが，「発達障害者手帳」といった名称の手帳が制度化されるまでは，背に腹は代えられません。

　ただし「精神障害者保健福祉手帳」は現在のところ，各種公共交通機関の運賃減免には使用できない場合が多く，手帳所持者を雇用する義務がまだ企業等に課せられていません。しかしすでに平成30年4月から精神障害者の雇用を義務付けるように障害者雇用促進法が改正されています。

　手帳を所持したからといって見せびらかしたり，名札のように首から下げておかなければならないものではありません。手帳は必要になったときにだけ見せればいい，反対に使いたくないとか，知られたくないと思ったときは見せなければいい，いわば「お守り」みたいなものです。そして何かのときにはきっと助けてくれる「保険」のようなものです。取得しておいて困るものではないので，「使い方」を本人や保護者と一緒に考えていきましょう。

「合理的手抜き」のすすめ
～いつまでも手や口を出していませんか～

　次の図は，私のライフキャリア教育シリーズではおなじみの，トイレの図です。ここではこの図を使って，家庭と学校（社会）はどう違うのかを説明したいと思います。

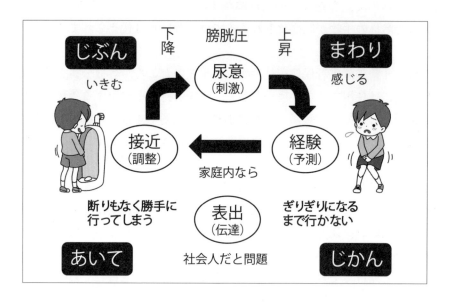

　人は膀胱内の圧力が高まってきたときにそれが刺激（信号）になって尿意を催します。そのとき，過去の経験と照らし合わせて，①まだ大丈夫，②もう限界というどちらかの予測を立てます。これがもし家庭の中で，テレビを見ていたときだとしましょう。①は次の CM まで我慢できるから今は行かないになりますし，②だと好きなアニメを中断してまでも立ち上がってトイレに向かうことになります。ちなみに目的地であるトイレですが，家庭で生活していれば，家族のみんながここにいる，だからトイレに入っている人はいないと推論して向かうわけです。

確かに家庭内における「排泄行動」は，定時ごとに行くことはなく，出たくなったら勝手にトイレに行って用を足して帰ってくるというのが一般的です。なので，ぎりぎりになるまで行かないといった傾向があり，いちいち「お母さん，トイレに行ってきます」と言ってから行く子は，年齢が進むにつれ少なくなってきます。これが「社会」に出ると大きな課題となってきます。

　つまり，学校をはじめ社会は集団行動をとっているため，休憩時間になったらトイレに行き，授業中（作業中）は行かないようにするとか，もし授業中（作業中）に行きたくなったら，必ず誰かに断ってから行くということができないと困ったことになります。よくあることですが，遠足などで急にいなくなってしまう子がいます。結果的にトイレに黙って行ってしまったということであっても，そのときは大騒ぎになって，みんな足止めされて捜索態勢に入ります。

　尿意を催して，我慢できるか予測する段階は，個人の頭と体の中だけでしか感じません。よほどもじもじするとかつらそうにでもしていない限り，周りの人は気づかないのです。授業中に急に立ち上がって，いきなり廊下に出て，走って行ってしまったらびっくりするでしょう。本人にしか目的地がわからないのでは困ります。「おしっこ」「トイレに行ってくる」「トイレに行ってきてもいいですか」といった一言がどれだけ社会生活をするうえで意味ある言葉かおわかりになるでしょう。話せなくても，トイレの写真カードを指したり，下腹部をトントンと叩くしぐさささえしてくれれば誰にでもわかります。

　最近はサイン言語として，「トイレ」を下腹部を叩くのではなく，自分の肩を中指でこするようなジェスチャーで教えている学校もありますが，そうしたエスペラント語のような人工言語は，それを知っている人にしか通じま

せん。しかし，下腹部をトントン叩くジェスチャーは自然発生的なサインなので，日本文化圏でなくても，おそらくほとんどの人に「トイレに行きたいらしい」というニュアンスは伝わるはずです。おそらくその人工サインの考案者は，人前で下腹部を叩くようなサインは見苦しいので，わからないようにさりげなく伝える意味で，別のサインを考え出したのだと思います。しかしそれが仇になって，周りに理解されず結果的に人前で失禁という最悪の事態になるおそれは十分にあるのです。サイン言語というものは，本人と保護者・支援者との間でしか通じない「暗号」であってはならないのです。

　似たような図をもう1つ。私たちは尿意を催さなくてもトイレに行きます。遠足でバスに乗る前，プールに入る前や夜寝る前に行く行為です。今現在はそれほど膀胱圧は高まっていないけれども，バスの乗車時間や睡眠時間を考えると，いずれトイレに行きたくなるかもしれない，そのときはもらしてし

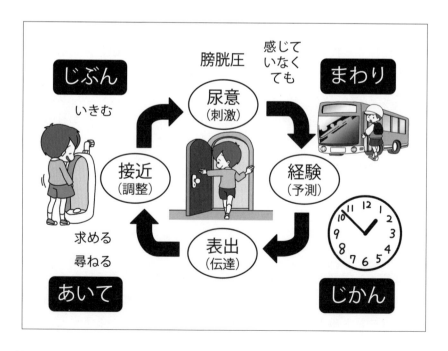

まうかもしれないと将来を予測して，前もって予防行動をしているわけです。もちろん自分1人でそうした推測や判断ができにくい児童生徒の場合は，「今のうちに行ってきておいたほうがいいよ」「おねしょをしないように寝る前に行っておこうね」といった言葉かけや誘導の支援が必要です。そうしたときにそれに素直に応じられるかが，社会参加への非常に大きな関門になってきます。

　「家ではおもらしもおねしょもしたことないのに，何で遠足や宿泊学習では『お土産』を持ってかえってくるの」といった苦情がよくあります。母親とはそれこそ以心伝心で尿意が伝わるでしょうし，母親が誘えば素直にトイレに行ってくれるでしょう。しかし社会の第一歩である学校では，何らかの表現をして教師に伝達してくれなければわかってもらえません。たとえ教師がその状態に気づいたり，トイレに誘ってみても，それに素直に応じてくれなければ目的は達せません。母親とならできるというレベルでは，社会のなかで生きていくのは困難です。誰の支援でも受けられるようにしておくことと，使い慣れた家庭や学校のトイレだけでなく，駅や遠足先や宿泊先のトイレでもできるようにしておくことが，ライフキャリア教育で最も大切なことなのです。

　だから，信頼している担任の先生が出張やお休みのときに真価を問われます。学校では必ず誰か代わりの先生が来て支援はしてくれるでしょうが，そのときもし代わりの先生の誘いでトイレに行って用が足せたとしたら，それはものすごい成長なのです。また使い慣れたトイレが故障だったり先客がいたりしたときに，もし隣のトイレでも用が足せたら，これまたすごい発達だといえます。つまりピンチをチャンスにすること，もっといえば普段からこうしたことを念頭に置きながら，あえてわざとこういう状況を仕組んで学習してもらうということが，とても大切なライフキャリア教育の手法です。

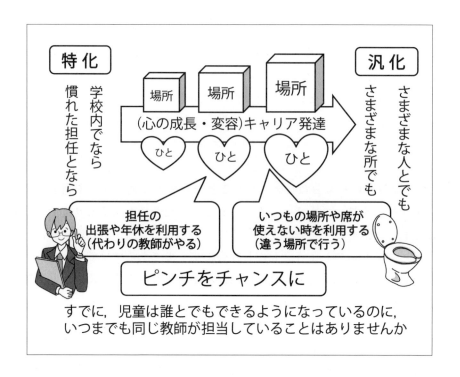

上の図のように，特別支援学校小学部や重度重複クラスでよく見られるケースですが，最初に例えばトイレを教えてくれた担任に対して，本児以上に保護者が全幅の信頼を置いてしまいます。確かにその担任の技量の部分もありますが，もともと本人にオムツを卒業する潜在的能力（これをコンピテンシーと呼びます）があったのです。その担任はその能力が開花するときにたまたま巡り合わせたともいえるのです。でも当然のように，保護者は来年も担任の持ち上がりを希望してきます。

しかしこの担任が一生，本児の支援者であり続けることは絶対にありえません。だからこそ他の教師でも同じように支援できるように，学校はあえて担任を交代させるのです。それは本児のためですが，本児はそれに十分応えるだけの力を日々蓄えてきているのです。

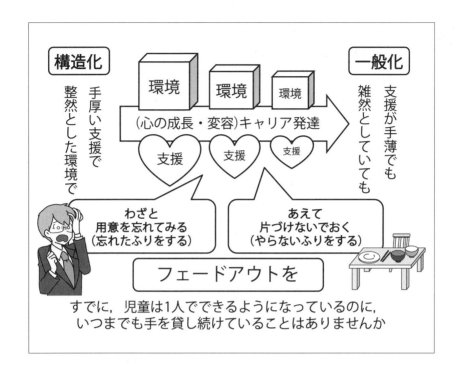

さらに，教師も保護者も，準備万端の支援をするのに慣れきって，手を抜くこと自体をためらったり，手を抜く時期を逸したりしていることが多々あります。上の図のような「構造化」することでうまくいったという経験をもつとなおさらです。しかし世の中はそんなに甘くありません。いくら合理的配慮が浸透しても，ひとたび大震災がやってくれば，みなが生きていくことに懸命でゆとりなどなくなり，ただのお題目にしかすぎなくなります。最終的にそうした困難ななかでも，なんとか生き抜いていける力を養っておくことです。そのためには，上の図のように，あえてわざと仕組んで，子どもたちにそれに気づいてもらったり，自主的に持って来たり片づけたりしてもらうことです。子どもたちの力を，そして着実な成長を信じて，待ったり見守る姿勢こそが，保護者や教師や支援者に求められている役割なのです。

「SOS 発信」のすすめ
～できないことは誰かに頼もう～

　最近は，都市部でも地方でも「放課後等デイサービス」がはやっています。下校時刻に合わせて，事業所の車が迎えに来て，時間がくれば，家庭まで車で送ってくるという至れり尽くせりのサービスです。その影響で，帰りのスクールバスはどれもガラガラで，スクールバスの発車を待つ事業所の送迎車両で学校の外周道路はいっぱいという光景をよく見ます。昔はそれこそ学校と家庭をスクールバスで往復するだけという状況でした。いったん家に帰れば，公園に行ってみんなと遊ぶといったことはないので，放課後等デイサービス事業所を経由するだけでも画期的な「社会参加」になります。

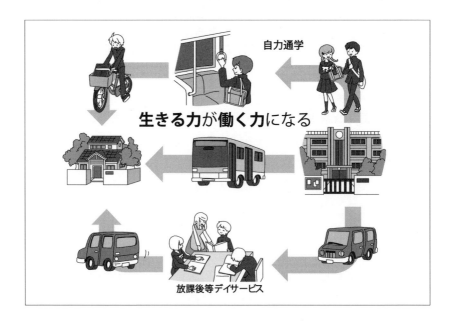

自力通学

生きる力が働く力になる

放課後等デイサービス

　そして今や，放課後等デイサービス事業所は乱立し，都市部では児童生徒の取り合いすら始まっています。お互いにサービス内容の特徴をアピールし

て，他とは違う（経済用語で差別化といいます）とサービス合戦をしています。学習塾系列の事業所はそれこそ専門スタッフによる「補習」を強調します。

　そのなかで，画期的な放課後等デイサービスが横浜市にできました。そこの最大の特徴はあえて「送迎車」をやめたことです。つまり放課後等デイサービス事業所まで公共交通機関を使って来なさいということです。でもいきなり，学校でもない，家でもないところに，放課後1人で行くということができるわけはないので，この事業所では移動支援サービスを使って，ボランティアに公共交通機関を使用して事業所まで送り届けてもらうというシステムにしたのです。

　これは各学校で取り組んでいる自力通学指導とまったく同じ考え方です。神奈川県では乗車定員の関係で知的障害部門の場合，中学部までしかスクールバスを利用できません。つまり高等部になればどんなに重度の生徒であっても交通機関が不便であっても，スクールバスでは通学できなくなります。そこで中学部2年生ぐらいからどこでも自力通学を念頭に置いた通学指導が始まるわけです。それこそ家庭と協力して，最初のうちは保護者が完全付き添いで登校しますが，次第に最寄りの駅から学校までは担任がバトンタッチして付き添ったり，尾行したり，角々に隠れて見守ったりというスモールステップで指導します。やがて単独で通う区間を長くしていき，高等部に入学する頃までには自力通学ができるようにしていきます。

　もちろん万が一に備えて，GPS付きのキッズケータイを持たせたり，迷子になったときに誰かに提示できるSOSカードを持たせたりします。また最寄りの駅の駅員に顔を覚えてもらえるように挨拶に行ったり，防犯カメラに映るように歩くなどの通学コースを決めたりといったセーフティネットを張る学校もあります。

ただ，基本的なことをいえば，登下校は学校ではなく保護者の管理下になります。担任もすべての生徒に平等に登下校指導ができるわけではありませんし，いくら頑張っても，とても1人では通えない生徒もいます。ですから神奈川県の場合，下校は放課後等デイサービスを利用するにしても，登校は保護者が自家用車で送ってきたり，通学支援ボランティアを頼んで連れていってもらったりする生徒も少なくありません。

　ここでも前節で述べた「いろいろな人に慣れておく」ことがキャリア発達につながります。つまり通学支援ボランティアは気心が知れた同じ人に毎日してもらうに越したことはありません。しかしボランティアとはいえ生身の人間です。いつインフルエンザに感染するかわかりません。そのとき代わりに派遣されてきたピンチヒッターの人に対して，「この人とは行かない，いつもの人じゃないと嫌だ」と言っていては学校に行けなくなります。何とか気持ちの上で折り合いをつけて行けるように，こういう突発時ではなく，常日頃から時々交代するという体制が組まれていたら反応はずいぶん違うと思います。保護者も慣れた人にお願いしたいのが本音でしょうが，子どもの生きる力をつけるために，あえてこうしたリスクを選択してほしいのです。

　また自力通学が何とかできるようになったからといっても，世の中は危険だらけです。交通事故もそうですが，最近は性被害にあうケースも増えてきています。このリスクは社会人になってからも，高額商品の押し売り，宗教への勧誘，風俗店への呼び込みなど枚挙にいとまはありません。こうした「トラブル」，電車の不通や遅れ，震災時などの「アクシデント」，いつもとは違う振り替え輸送などの通勤経路の「変更」，昨日まであったランドマーク（目印，手掛かり）が急になくなってしまうなどの「変化」に対して，それぞれのパターンで教えていくソーシャルスキルトレーニングではなく，共通の対処の仕方を教えておく必要があります。

　例えば，そのような「トラブル」「アクシデント」「変更」「変化」に巻き込まれて，道に迷ってしまったとしましょう。頭の中が真っ白になってしまって行動が停滞したり，パニック状態に陥ってしまう人も当然いるでしょう。そうしたときに，なぜそうなるのか，ちょっと分析してみたのが上の図です。まずは，ここがどこなのか，今自分がどういう状況に置かれているのか（情報活用能力）キャッチできないという苛立ちです。次には，この先どうなってしまうのだろうか（将来設計能力）という見通しが立たない不安です。そしてそうした気持ちを他人に伝えて助けを求める（人間関係形成能力）ことができないという体裁や見栄です。最後は入り混じる気持ちを制御（意思決定能力）できなくなる精神的弱さです。これは，電車が急に停車して車内アナウンスもないまま缶詰にされたときなどに誰にでも起きうる心理的状態です。

そしてこれを解決していくプロセスが次の図です。

　駅員でも誰でも「解決方法」を知っていそうな人を見つけ，その人に尋ねる「勇気」さえもてば，困難な状況から脱出するきっかけをつかむことができるわけです。もちろん運転再開の目途が立たず駅員も困っている場合もあるでしょうが，乗客を落ち着かせるのが仕事のはずです。

　道に迷ってしまったら，こっちかなあっちかなとただただ歩き回るより，知っていそうな人を見つけて，道を尋ねたという経験は誰にでもあるでしょう。駅ビルやショッピングモールでも表示を探すより，急いでいれば「トイレはどっちですか」とまず尋ねるでしょう。それこそが，最低限身に付けなければならない「生きる力」なのです。言葉にならなくても，困った顔をする，ねえねえと肩を叩く，場合によっては泣き出すのも手です。とにかくSOSのサインが出せるか出せないかでは大違いです。

町の中でも，店内でも一度でも迷子になった経験をもつと，一度もなったことのない人から比べ，確実に「経験からの学び」が違ってきます。それも失敗経験からのほうが学ぶことは多いはずです。そしてそれが自信へとつながります。この「心の成長・変容」という心理的過程そのものが「キャリア発達」と呼ばれるものです。

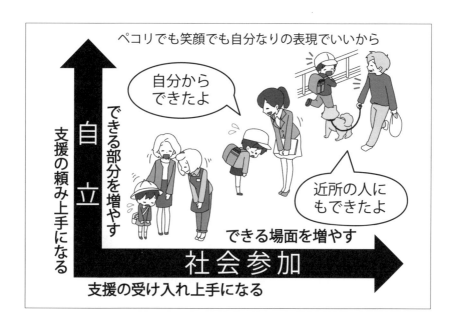

　そのためにも上の図のように，何も言葉で「おはようございます」を言えるように指導するだけではなく，ペコリと頭を下げたり，ニコッとするレベルであっても，「自分からできた」「顔見知りの人にもできた」という「広がり」が見えたとき，心が成長・変容した，つまりはキャリア発達したといえるのです。そしてこれこそが，何か身の危険を感じたときに，自分から誰にでもSOSのサインを発信できる人になる大切な素地となるわけです。挨拶をスキルの向上ばかりで評価していると，こうした大切なことを見失います。

「支援付き努力」のすすめ
～努力と配慮は車の両輪～

　平成28年4月より「障害者差別解消法」が施行され，特別支援学校においては，「合理的配慮」に関する職員研修などが盛んに行われています。これは，社会全般に対して，障害者をはじめとする社会的弱者に対する配慮と寛容的な態度を習慣づける「人権教育」の1つと位置づけられます。しかし，そうした理想的な社会の成熟をただ指をくわえて待っていたり，社会が悪いと権利主張しているだけでは，目の前の課題をすぐに解決してはいけません。ICFでもいっているように，障害というものは，環境因子だけで生じるものではなく，個人因子ももう1つの大事な要素であるということを忘れてはなりません。つまり環境の改善だけを叫ぶのではなく，同時に障害当事者の努力も必要なのです。

その社会に適応するための努力の過程こそが，今述べている「キャリア教育」です。社会で生きていくにはどんな力が必要か，どんな力をつけておけば将来役立つか，これはまさに卒業後，いや明日，地域社会で生き生きと暮らすために何が求められているかということに他ならないのです。障害当事者，そして支援者が何も努力しなかったら，社会なんて何も変わっていきません。

　障害当事者が懸命に生きている姿，困難にぶつかって苦労している姿，社会の壁に阻まれて途方に暮れている姿を，世間にさらけだしてこそ，世の中は少しずつ，障害当事者にとってよい方向に変わっていくのです。そして真に暮らしよい住みやすい社会が実現したときは，きっと高齢者にもマイノリティの方々にも暮らしよい住みやすい社会になっているはずです。そうなってこそ「障害」は「個性」の１つになると思います。

障害者の権利に関する条約　第２条　定義

　「合理的配慮」とは，障害者が他の者と平等にすべての人権及び基本的自由を享有し，又は行使することを確保するための必要かつ適当な変更及び調整であって，特定の場合において必要とされるものであり，かつ，均衡を失した又は過度の負担を課さないものをいう。
（署名時仮訳）

障害を理由とする差別の解消の推進に関する法律（障害者差別解消法）第８条２

　事業者は，その事業を行うに当たり，障害者から現に社会的障壁の除去を必要としている旨の意思の表明があった場合において，その実施に伴う負担が過重でないときは，障害者の権利利益を侵害することとならないよう，当該障害者の性別，年齢及び障害の状態に応じて，社会的障壁の除去の実施について必要かつ合理的な配慮をするように努めなければならない。

文部科学省による「合理的配慮」の例

1．共通
・バリアフリー・ユニバーサルデザインの観点を踏まえた障害の状態に応じた
適切な施設整備
・障害の状態に応じた身体活動スペースや遊具・運動器具等の確保
・障害の状態に応じた専門性を有する教員等の配置
・移動や日常生活の介助及び学習面を支援する人材の配置
・障害の状態を踏まえた指導の方法等について指導・助言する理学療法士，作
業療法士，言語聴覚士及び心理学の専門家等の確保
・点字，手話，デジタル教材等のコミュニケーション手段を確保
・一人一人の状態に応じた教材等の確保（デジタル教材，ICT 機器等の利用）
・障害の状態に応じた教科における配慮（例えば，視覚障害の図工・美術，聴
覚障害の音楽，肢体不自由の体育等）
2．視覚障害
・教室での拡大読書器や書見台の利用，十分な光源の確保と調整（弱視）
・音声信号，点字ブロック等の安全設備の敷設（学校内・通学路とも）
・障害物を取り除いた安全な環境の整備（例えば，廊下に物を置かないなど）
・教科書，教材，図書等の拡大版及び点字版の確保
3．聴覚障害
・FM 式補聴器などの補聴環境の整備
・教材用ビデオ等への字幕挿入
4．知的障害
・生活能力や職業能力を育むための生活訓練室や日常生活用具，作業室等の確
保
・漢字の読みなどに対する補完的な対応
5．肢体不自由
・医療的ケアが必要な児童生徒がいる場合の部屋や設備の確保

・医療的支援体制（医療機関との連携，指導医，看護師の配置等）の整備

・車いす・ストレッチャー等を使用できる施設設備の確保

・障害の状態に応じた給食の提供

6．病弱・身体虚弱

・個別学習や情緒安定のための小部屋等の確保

・車いす・ストレッチャー等を使用できる施設設備の確保

・入院，定期受診等により授業に参加できなかった期間の学習内容の補完

・学校で医療的ケアを必要とする子どものための看護師の配置

・障害の状態に応じた給食の提供

7．言語障害

・スピーチについての配慮（構音障害等により発音が不明瞭な場合）

8．情緒障害

・個別学習や情緒安定のための小部屋等の確保

・対人関係の状態に対する配慮（選択性かん黙や自信喪失などにより人前では
　話せない場合など）

9．LD，ADHD，自閉症等の発達障害

・個別指導のためのコンピュータ，デジタル教材，小部屋等の確保

・クールダウンするための小部屋等の確保

・口頭による指導だけでなく，板書，メモ等による情報掲示

（文部科学省特別支援教育の在り方に関する特別委員会「合理的配慮について」平成22年）

と書かれていて，特別支援学校や小・中・高校，大学等で学ぶ障害のある子どもへの配慮の基準となっていますが，ここでは大学入試等における問題文の点字化は読み取れますが，時間延長については触れられていません。

また，地域生活で必要な配慮については，次のような具体的な事例が提供されていて，公共交通機関，公共施設，企業，福祉施設などの民間業者が参考にしています。

内閣府による合理的配慮等具体例データ集

〈視覚障害〉

・物の位置を分かりやすく伝える

・声をかける時には前から近づき「○さん，こんにちは。△です」など自ら名乗る

・見えにくさに応じた情報の提供（聞くことで内容が理解できる説明・資料や，拡大コピー，拡大文字又は点字を用いた資料，遠くのものや動きの速いものなど触ることができないものを確認できる模型や写真等の提供）

・点字や拡大文字，音声読み上げ機能を使用して学習する児童生徒等のために，授業で使用する教科書や資料，問題文を点訳又は拡大したものやテキストデータを事前に渡す

・自筆が困難な障害者からの要望を受けて，本人の意思確認を適切に実施した上で，代筆対応する

〈知的障害〉

・ゆっくりと短いことばや文章で，わかりやすく話しかける

・書類記入の依頼時に，記入方法等を本人の目の前で示したり，わかりやすい記述で伝達したりする

・漢字を少なくしてルビを振るなどの配慮で理解しやすくなる場合がある

・学習内容の習得が困難な児童生徒等に対し，理解の程度に応じて，視覚的に分かりやすい教材を用意する

・券売機の利用が難しい場合，操作を手伝ったり，窓口で対応したりする

〈肢体不自由〉

・段差がある場合に補助する（キャスター上げ，携帯スロープなど）

・高いところにある資料を取って渡す，資料を押さえて見やすいように補助する

・車椅子の利用者が利用しやすいようカウンターの高さに配慮する

・障害者用の駐車場について，健常者が利用することのないよう注意を促す

・駐車スペースを施設近くにする（来庁者数に応じて施設に近い一般車両区画も障害者用とする）
・車いす等の大きな荷物のトランクへの収納の手助けを行う
・障害のある利用者が化粧室に行く際に，移動を手伝う
・商品宅配時において具体的要望があった際に，品物を家の中の指定されたところまで運ぶ
・エレベータがない施設の上下階に移動する際，マンパワーで移動をサポートする
・自筆が困難な障害者からの要望を受けて，本人の意思確認を適切に実施した上で，代筆対応する

〈発達障害〉
・物や絵，文字など見せながら，短いことばや文章で話す
・疲労や緊張などに配慮し別室や休憩スペースを設ける
・吃音など話し言葉に苦手さがある場合は，急がさずに丁寧に話しを聞く
・感覚過敏がある場合は，たとえば机・いすの脚に緩衝材をつけて教室の雑音を軽減するなど，音や肌触り，室温など感覚面の調整を行う

（内閣府）

　ここにあげられているのは，あくまでも代表的な合理的配慮の例です。そして当該事例を合理的配慮として提供しないことがただちに法に違反するもの（提供を義務付けるもの）ではないと内閣府もいっています。

　そこでです。この「合理的配慮」というものを拡大解釈してしまうと，学校教育が成り立たなくなってしまうということを次に述べたいと思います。

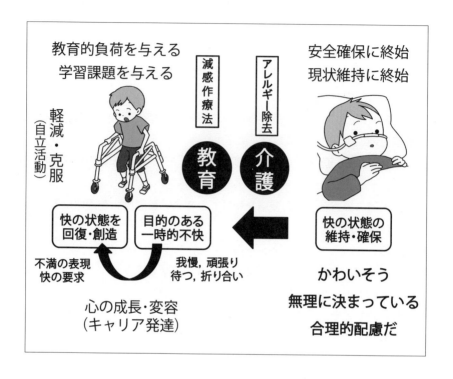

重度重複，特に医療ケアをしている児童生徒の場合は，登校から下校まで，生命の維持，安全の確保に指導の重点が置かれがちです。体温管理や経管栄養や排泄処理など，本人にとって快適に過ごせる環境をつくり，適時適切な支援をして，心地よい状態を確保するのが，特別支援学校の教師の仕事だとついつい錯覚してしまいます。しかしそれだけでしたら，学校より病院のほうが安全ですし，看護師や介護福祉士の人のほうが専門家です。

それではなぜ保護者がリスクが高い学校に登校させ，医療や介護の専門家でない担任に，大切な生命を託すのでしょうか。それは「介護」以上の何か，つまり「教育」に期待しているからです。

教育というのは，上の図のようにいつも「快」の状態を保っているわけで

はなく，待ってもらったり，ザワザワした部屋に移動したり，いろいろな音楽を流したり，友達と隣り合ってもらったりして，本人にとっては「一時的に不快」かもしれない状況に，あえてわざとすることがあります。それはあくまでも一時的であって，そういう状況に置かれることで，不快だとか，快の状態に戻してくれといった表現（身振り，顔の表情，息づかい，泣き声，目による訴え，バイタルの変化など）を期待しているわけです。またそうした経験したことのない状況にも頑張って，慣れたり，我慢したり，折り合いをつけることができるようになれば，それこそ心の成長・変容（キャリア発達）を引き出したことになります。

　こうした一連の，いつもとは違う状況にすることが，重度重複の児童生徒にとってのキャリア教育であり，その結果，将来的に生活介護事業所等でも過ごせる「精神的基盤」を形成することになるのです。こうした行為は，教育的な負荷や学習すべき課題を与える（計画的に仕組む）ことになるので，まさに「自立活動」そのものであるわけです。

　勉強が好きでたまらないといった子はそういません。つまり学校というところは家ではさせられないことを，嫌でもつらくてもあえてさせ，つらさを乗り越えたところに「学ぶ喜び」を味わわせるところです。楽しいばかりではキャリア発達はしません。だから「そんなことをさせたらかわいそう」「やらせても無理に決まっている」「こういう子にはあえてやらせないのが合理的配慮なのではないか」などともし逃げていたら，それこそ子どもの可能性，発達の芽（コンピテンシー）を潰すことになります。

　今医学界ではアレルギーの子に対して，アレルゲンを除去することだけを考えるのではなく，身体の成長に伴う抵抗力の向上に期待して，少しずつアレルゲンを投与していく「減感作療法」が取り入れられてきていますが，これはまさにキャリア教育と同じ考え方だといえます。病気の治療に関しては

もちろん医師しかしてはならないことですが、「教育的効果」が期待できるものであれば、それこそ看護師や介護福祉士ではなく、教師の出番、それが本務だということを忘れてはならないと思います。事実、担任は本人が望まなくても給食指導を通じて「偏食指導」や「肥満指導」を本人の将来を考えてあえてしているではありませんか。

　自立活動における機能訓練や、リハビリテーションは、時に「苦痛」や「過度な刺激」を伴うことがありますが、回復したり、できるようになったり、またそれによって拘縮が予防できたり、といった「期待」が先にあるから指導者は頑張らせますし、本人も頑張るのです。

　もしそこに、「合理的配慮」という論理を保護者がもち込んでくると、歩けなければ「車いす」という合理的配慮が当然あるのだから、何もつらい思いをして歩行訓練などさせないでほしいなどという「モンスターペアレンツ」のような言い分になり、それがまかり通ることになれば、自立活動もリハビリも成立しなくなります。

　「先のことを考えて今すべきことをする」というのは自立活動だけではなく、教育全般にいえることです。だからこそ「一人ひとりの自立と社会参加に向けて、それぞれのキャリア発達を支援する」キャリア教育が、自立活動と同じベースに立っているといえるのです。

第3章

保護者に伝えたい！実は大切な課題

小1から始めるライフキャリア教育

キャリア教育なんてまだ先のことなどと思っている小学部の保護者に，後悔しないで済むとっておきの課題を紹介します。子どもの成長の手応えが実感できると，卒業が待ち遠しくなります。そんな「生きる力」をつける日々の子育ての課題をしっかり伝えていきましょう。

課題 1 運搬ができるということ
～お手伝いから家事分担そして仕事に～

　夏休みなどになると学校は保護者に対してよく「何でもいいですから，おうちでお手伝いをさせてください」などと言うことでしょう。そしてお手伝いカードやチェック表などを渡して成果を求める先生もかなりいるはずです。特にキャリア教育が取り入れられて以降，特別支援学校の小学部では，掃除の時間が増え，家庭においては「お手伝い」が推奨され，それが将来「働く力」につながっていくといわれ出しました。

　しかし改めて「お手伝い」とは何かを考えてみましょう。子どもは大人のやることをよく見ていて，ちゃんとはできないのだけれども，同じようにやってみたいという気持ちがいつしか芽生えます。この「意欲」こそが私たちがめざすキャリア発達そのものです。だから，技能的に未熟であったり，途中で投げ出してしまったとしても，「お手伝い」の段階はそれでいいのだと思います。少しでもやってみようと思ったこと，挑戦してくれたことを評価してあげましょう。「もっと上手にやらないと」「最後までやって」は，せっかく芽生えた意欲をそいでしまう余計な一言になるおそれがあります。「下手でもいい」「中途半端でもいい」となれば，子どもにとってやりたい，やってみたいと思うことはたくさん出てくるはずです。

　そうやっていくうちに，もし子どもが得意げにやっていたり，だんだん上達してくる「お手伝い」を発見したら，しめたものです。「好きこそものの上手なれ」ということわざ通り，そうしたお手伝いに対しては，「ここを持ったらもう少し上手にできるわよ」「こうしたら早くできるね」という言葉が自然に入っていきます。

　その段階までいったら「これ，○○ちゃんに頼んでもいいかな」「○○ち

ゃんがやってくれるとみんな助かっちゃうんだけどな」「みんなの分もお願いしてもいいかな」といった言葉をかけてみます。たぶん「自信」がついてきているので，きっと「いいよ」「やるよ」「任せて」「頑張る」といった「意欲」あふれる言葉が返ってくるはずです。

　このようにして，子どもが家族の一員としての役割，つまり「家事分担」を担えるようになってくると，将来「おしごと」ができる人になるのです。「お手伝い」の段階にとどまるか，「家事分担」の段階まで進めるかが，まさに就労のターニングポイントといえるわけです。

　家事分担というと，ゴミ捨てはお父さんの係みたいなことを想像されると思います。共働きが主流になった現在では，お母さんだけが家事をするといったことは道理に合いません。家事や育児に熱心なイクメンがもてはやされ

るのは当然のことだと思います。実際に子どもがやる家事分担は簡単なこと，それも１つだけでいいのです。でも，決して他の人が代わりにやってはいけません。やらないとみんなが困ったり迷惑するようなものがいいと思います。例えば，毎朝新聞を取ってくるといった家事分担でいいのです。

　ある雪国に住む知的障害の中学部生徒の話を紹介しましょう。Ｈさんは，玄関から門まで歩いてポストから朝刊を取ってくる家事分担をしていました。家族もいつしかそれを当然のことに思い，特に気にかけることもなくなっていました。ある日，Ｈさんが２泊３日のスキー合宿に行きました。Ｈさんは宿泊先でずっと新聞のことが気になっていたようです。さてその朝，朝刊がテーブルの上にないのに気づいた父親は，高校生の兄に取ってこいと言いました。しぶしぶ外に出た兄は，門まで積もった雪をかき分けてやっとの思いで朝刊を取ってきました。「あいつは，毎日こんな大変なことを１日もサボらず，文句も言わずにやってたんだな。あいつが門まで雪かきをしてくれていたから歩きやすかったのか。知らなかった」と思うと，目頭が熱くなりました。合宿から帰ってきたＨさんは，翌朝いつものように朝刊を取りにいきました。戻ってくると家族みんなが声をそろえて言いました。「ありがとう」。Ｈさんはニコッと微笑みました。

　そうなのです。家族のなかで役割があることが，家族の一員という自覚を生み出します（これは基礎的・汎用的能力のなかの「人間関係形成・社会形成能力そのものです）。高齢者も家族のなかでの役割がしっかりとある人はいつまでも元気です。「やってもらうのは大変だから」「私がやったほうが早いから」「どうせ後でやり直すことになって二度手間だから」「やり方を教えるのが面倒くさいから」「とてもかわいそうで見ていられなくて」などと思ってやってもらわないと，老化は確実に進みます。それは知的障害の子どもの場合もまったく同じです。決してできないのではありません。やらせてこなかったからできないだけなのです。

食事が終わったら，食べ終わった自分の食器を流しに運ぶという「お手伝い」でも毎日確実にやれば「家事分担」になります。欲をいえば，お父さんやお母さんの分も自主的に運べたらいうことありません。私はよく講演先で生徒たちと一緒に給食をいただくことがあります。そのとき，特に先生からの指示がなくても，おもむろに私の食器を片づけようと手を伸ばしてくる生徒がいます。立派です。たぶん家でもそうしているのでしょう。これは単に自主的（意思決定能力といいます）というだけではなく，他人が食べ終わるのを見計らう（将来設計能力）という，いわば他人を思いやる，他人のペースに合わせる（人間関係形成能力）という力がついてくるという，社会で生活するうえで最も大切なことを学習しているわけです。ほかにやることはないかなと常にアンテナを張る（情報活用能力）がついてくると，「気が利く人」という評価に通じてきます。

　「お手伝い」を頼むときに多いのが「運ぶ」という動作です。先に述べた食べ終わった食器を流しに運ぶのも，ゴミ集積場にゴミ袋を捨てに行くのも，買った物をお店から家まで持って帰ってくるのも，すべて何かを移動・運搬しています。世の中には宅配便や引っ越し業などそれこそ輸送・運搬を中心とした仕事もありますが，どこの職場に行っても，それがたとえ就労継続支援事業所でも生活介護事業所であっても，物を持って動かすという行為は必

ず存在します。移動・運搬する物の重量が重いか軽いか，材質が堅固か壊れやすいか程度の違いです。つまり生活のなかで生きる力（ライフキャリア）として身に付けておけば，将来どの「仕事」についても使える働く力（ワークキャリア）になり得るのです。

暮らす力・楽しむ力 として身に付けたことが働く力 としても使える

「運ぶこと」を，最も身近で日々繰り返して学習できるのが，スーパーなどで買い物をした物をレジ袋に入れて家まで持ち帰る場面です。

今まで買い物のお手伝いを一度もしたことがない子どもに，いきなり卵の入ったレジ袋を持たせる大人はいないでしょう。すぐに疲れて手を放して落としてしまうかもしれませんし，振り回してどこかにぶつけてしまうかもしれないからです（こうしたリスクの予想が，将来設計能力です）。まずは，

落としてもぶつけても中身には影響のない缶詰1つから始めるのではないでしょうか。そして少しずつ柔らかいものに発展していきます。

　個数を増やして重くしていく手もあります。その場合も，片手で持つ，両手で持つという持ち方があります。さらに重い荷物の場合，途中で持ち手を替えるという「わざ」も教えないとできません。一度地面や台の上に置いて持ち替えるという方法から，空中で持ち替えるという方法に移行できればたいしたものです。普段からしていれば何気ない行為ですが，生きていくのにとても大切な力の1つであることは確かです。

　家ではほかに，おもちゃ箱を運んだり，洗濯物を運んだり，押し入れから布団を出し入れしたり，掃除機を運んで持ってきたりすることができます。灯油の入ったポリタンクはかなり重いものですが，高等部くらいになったら

一度は体験しておいたほうがいいです。もちろんどれも最初から1人ではできないので一緒に持ってあげるところから始めます。お母さんが1人で持つより楽ならば，子どもが力を入れて持っている証拠です。2人で協力して持つというのは，必ずしも50：50である必要はありません。たとえ1：99であっても共同作業していることには変わりありません。次第にそれを50：50に近づけていけばよい話です。

壊れやすい物を運ぶときは，それこそ慎重にならないといけません。壊されたら大変と，いつもプラスチックの食器やスプーンなどだけが載ったお盆しか運ばされていないと，運び方がぞんざいになってしまいます。落として割ってしまうかもしれないというリスクを予期したうえで，瀬戸物やガラス

のコップを運ばせることをしないと，いつまでも成長していきません。もう1つは軽い物でよいので運ぶ距離を少しずつ延ばしていくことです。さらに，例えば洗濯物を両手で持ったまま階段を上り下りすることなどができるようになれば，進路の選択肢がぐっと増えます。

お客様が来た時に，お茶出しができると　　テーブルセッティングができると

学校でも文化祭の模擬店で活躍できます。
飲食店を経営する福祉系事業所も増えてきています。

「運ぶ」という動作は，持ち上げて，ただ移動するだけではありません。移動中に他人や壁などにぶつからないようにすることも大切です。それには学校より家のほうが狭く，家具などもあるので練習するには適しています。さらに最も大事なのは移動目的地点まできたら，そこへ「そっと置く」ことです。せっかく何ごともなく運んできても，最後の最後でこぼしたり，割ってしまったら意味がありません。何のために運んでいるのか，どういう状態に置くのかということを，頭に描きながら運べるようになるといいです。

身支度ができるということ
～帽子をかぶっていられるのは生きる力～

　働く（ワークキャリア）ための身支度（ライフキャリア）ができないと，多くの職種（就労継続支援事業所等でも）で困ります。通勤着を仕事着にできるのは，知的障害者があまり就職しない事務職，営業職等です。社会で働くには，着替え，身支度，身だしなみが最低条件になってくるのです。

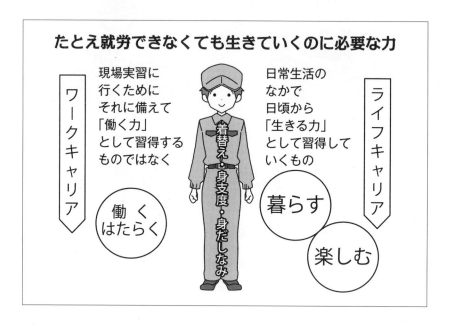

　高等部2年生になって現場実習先が決まってから，よくゴムエプロンや安全靴の紐結びなどを練習し出す生徒がいます。もし小・中学部のうちから給食のエプロンの紐結びを何度も練習していたり，登山靴やスケート靴といった編み上げ型の靴紐結びを経験していたら，一から練習ということにはなりません。日常生活や余暇・レジャーのなかでの経験の積み重ねによる自信が，進路の選択肢をぐっと広げてくれるのです。

メガネ
サングラス
ゴーグル
眼帯

生活経験が活きる
（ライフキャリア）

紅白帽子
水泳帽
防災頭巾
三角巾

マスク
バンダナ
ネックウォーマー
ネクタイ

ベルト
エプロン
作業服
スキーウェア

手袋
軍手
ビニル手袋
スキー手袋

長靴
登山靴
スケート靴
スリッパ

ワークキャリアとして役立つかも

　例をあげれば，上の図のようなものを着用する経験が，これまであったか
なかったかで，就労の切符を手にできるか決まるといっても言い過ぎではあ
りません。このなかで手袋を着用する職場はかなりあります。軍手，ゴム手
袋，使い捨てのポリエチレン製の手袋など，仕事の内容によってさまざまな
タイプのものがありますが，基本は10本の指をそれぞれ１本ずつ入れて，は
めたまま握ったり，つかんだり，つまんだりする用具です。当然といえば当
然なのですが，雪国の子は冬になれば必ず着用するので小学部の段階でほと
んどの子が手元を見なくてもはめられるようになります。ところが南国の子
は，冬に手袋を着用する習慣がありません。ですから，農作業をするにあた
り，まず軍手を正しくはめるのに10分もかかる子がいても不思議ではありま
せん。指を２本入れたまま平気で作業している子もいます。

概して北国の子のほうが厚着をする習慣があるので，着替えをするのも必然的に手間取ります。しかしその日々の経験が，工場でよく着用されている厚手の作業服，自動車整備士などが着用している上下つなぎの作業服，冷凍食品工場内で着用する防寒具などに着替えるとき，そう面倒がらずにできます。しかし南国の子はそういうわけにはいきません。現場実習に行って「えー，こんなの着んの。面倒くさー」といった感じです。ようやく着ることができても動きはぎこちないです。

　マスクは衛生管理が徹底している職場ではもちろんですが，最近はインフルエンザの予防のためにも職場で着用している人が増えました。これまた慣れのようなもので，慣れないと煩わしく，すぐに取りたがってしまいます。着用しているにはしているのですが，あごまでずり下げている生徒もよく見かけます。それでは意味を成しません。

　小学部から中学部に進学すると，制服のようなものがある学校が少なくありません。保護者にしてみれば，それまではTシャツ，トレーナー，ジャージといったタイプの私服でよかったのに，いきなりベルトだの，ボタンだの，ネクタイだのになって，朝の忙しさが倍になります。しかしこのことはライフキャリア教育の観点からすると，キャリア発達する大いなるチャンスなのです。社会で働くための服装のほとんどは，被り物ではなくボタンですし，ウエストはゴムではなくベルトだからです。

　学校においても，中学部になると教室の隅やカーテンの裏ではなく，更衣室で着替えるところが増えます。小学部では脱衣かごに服をきちんと畳んで入れる着替え方が多いと思いますが，中学部になるとロッカーにしまう着替え方になります。高等部になるとさらに，ロッカーの鍵もかけさせてそれを自分で管理させる学校もあります。このようにして，少しずつ社会での実際の生活に近づけていっているのです。

そういう意味で家庭での着替えも，学年が進むにつれ，着替えるスペースを狭くしていったり，床やテーブルの上において畳むのではなく，空中で手畳みできるように練習するのも大切なことです。管理の面からは，銭湯やスパにいったら脱衣かごの中に上手にしまう方法を教えましょう。鍵付きの靴箱やロッカーがあれば，積極的に使ってみましょう。鍵を手首にはめるなどの「大人」のやり方を教えていきましょう。

　もうおわかりになると思いますが，就労するためにそのスキルとして教え込むのではなく，暮らす場面（銭湯）のなかで，楽しむ場面（温泉，プール）のなかで教えていったことが，やがて働くときに役立つことが結構多いのです。味気ない作業服を着る練習を黙々とするより，スキーウェアを着る練習を嬉々としてするほうが，楽しみがあってやる気も出るじゃないですか。

ここで「帽子」のことをあえて取りあげます。学校では，熱中症にならないように夏場に屋外で活動するときは帽子を着用させます。それだけではありません。運動会になれば紅白帽，プールのときは水泳帽，避難訓練のときは防災頭巾やヘルメット，給食の配膳や調理実習のときは調理帽か三角巾，そして文化祭になれば被り物と，結構，頭にかぶったり，髪の毛を覆ったりする機会は多いものです。技能的にかぶることはそう難しいことではないのですが，かぶり続けていることは結構大変なことです。その意義や必要性が理解できていないと，煩わしくなって取ってしまう子も少なくありません。

　特に自閉症のある児童生徒の場合は，かぶること自体をとても嫌がったり，かぶせてもすぐに投げ捨てたりする子もいます。なかには，まるで頭を針で刺されたように痛いと訴える「感覚過敏」というタイプもいます。こうした子に対しては「合理的配慮」で，帽子をかぶることを免除し，暑いときは日傘などの代替手段を講じることになります。しかしそうした子は1〜2割であって，多くの児童生徒たちは単なるこだわりにすぎません。事実，そうした子でも聴覚過敏用に開発されたイヤーマフ（ヘッドホンのような耳あて）には抵抗を示さないケースがほとんどです。

　それを勘違いして，小学部の頃から「この子はどうせかぶってくれないし，無理にかぶせてもどこかに捨てちゃうから」と，保護者も教師もあきらめてしまう（成長の可能性を期待せず，教育することを放棄してしまう）と，将来的にどういうことになってしまうでしょうか。自転車に乗れるようになったり，大震災で避難する際もヘルメットをかぶってくれないので，頭部を損傷するリスクが高まります。友達が食するものを，調理させたり配膳させるわけにはいきません。作業学習でも農園芸班や調理班は不向きです。また，自動車工場や機体整備場などの工場見学ではヘルメットを着用しない人は間近まで行けない規則になっています。

「帽子をかぶっていられるようになる」は生きる力
ライフキャリア として身に付けておけば ワークキャリア としても使える

　上の図を見てください。工事現場で働く人は頭部保護のためのヘルメットの着用が法律で定められています。給食調理員は、髪の毛が食事に混入しないように頭髪をすっぽり覆う帽子の着用が義務付けられています。図以外でも、農業に従事する人は、日焼けや熱中症予防のため麦わら帽子などをかぶっています。しかし、ファストフード店の店員の帽子はちょこんと頭の上に載せているだけで衛生上という理由では説明がつきません。以前かぶられていた看護師のナースキャップも同様です。さらに宅配便の人などは男女問わず必ず帽子をかぶっています。いったいどういう理由なんでしょう。

　それははっきりいって「ユニホーム」の一部だからです。一般人と区別する意味合いと、チームで仕事をしているという自覚を促すものといってもいいでしょう。こうした理由で着用している職種は意外に多いのです。

何がいいたいかおわかりになってきたかと思いますが，「合理的配慮」と決めつけて，小さいうちから帽子をかぶせようという努力も工夫もしてこないまま，だんだん年齢が高まってくると，高等部卒業時点において，「帽子着用が求められる職種」への進路が閉ざされてしまうことになります。事実，ファストフード店に憧れ，マニュアルもすぐに覚えられた生徒が帽子を嫌がり，かぶっていることに耐えられなくて手元に集中できず，現場実習初日で打ち切りになってしまったケースがあったほどです。帽子をかぶって仕事をすることはわかっていましたが，実習が決まってからいきなり練習してもかぶり続けられるはずはありません。それはかぶり方という「スキル」ではなく，かぶっていられるという「意思」だからです。「たかが帽子，されど帽子」と，保護者も担任も悔やみましたが，すべて後の祭りでした。

この図のように，例えば「手洗い」というスキルは，やり方を教わったりとか，手順書を見ながらとか，友達がやるのに影響されながら獲得していけますが，これだけでは社会に出て生きていく力にはなりません。職業生活をしていくためには，「なぜ手洗いが必要なのか，もし手を洗わないで仕事をしたらどういうことになってしまうのか」といった理由や見通しがないと，手の洗い方というスキルを獲得しているにもかかわらず，いい加減な洗い方で済ませてしまうかもしれません。また，いつも誰かに指示されてから手を洗っていると，誰も指示してくれなかったからとか，周りで誰も見てないからサボっちゃえと，意志薄弱な行動をとるかもしれません。結果は同じこと，食品を扱う現場や老人ホームなどでは，死亡を含む大事故を引き起こす結果になるかもしれません。

　特に，就労を考えている人は，「じかん（見通し）」「じぶん（気持ち）」という部分の「心の成長」がないと，結果的に長く勤められません。仕事に対する責任感，使命感，自発性というのは，まさにこの部分の成長にかかっているのです。だからソーシャルスキルトレーニングのように，こういう場合はこうすると一対一対応で覚えさせられても，実際の社会生活ではまったく使えないものになるおそれが十分あります。ここが出るぞと教えられて一夜漬けでやった試験勉強が，世の中に出てまったく役立たないのとよく似ています。「やり方」の丸覚えではなく，どうしてそうなるの，ほかのやり方ではだめなのと疑問をもちながら覚えたことは，一見回り道のようですが，ずっと後になっても使える知識として残っているものです。

　仕事をするための身支度としてもう1つ，「腕まくり」というのがあります。これは結構できない子がいます。長袖をきちんと折ってたくし上げる腕まくりは，水仕事などの間にずり下がってこないように整えることが最大のポイントです。暑いから半袖ではなく，長袖を着せて暑さにどう対処するかを考えさせると自分で方法を発見できる子もいます。

手作業ができるということ
～トランプと輪ゴムを使って「はたらく力」に～

　何か欲しいものがあれば，目的物（情報活用能力）に対してどの程度手を伸ばせば，または移動すればいいか見当をつけ（将来設計能力），実際に手足を動かして（意思決定能力）いきます。しかしどうしても取れそうにもないなら，誰かに頼んで（人間関係形成能力）取ってもらいます。その方法も，言葉やサインを出して依頼するだけでなく，欲しそうな目をして見つめるといういわゆる目力（めぢから）や，そばにいる人の手を取って取らせるといういわゆるクレーン動作といったやり方もあります。

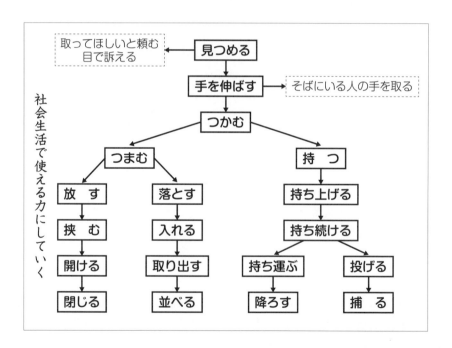

　目的物がこぶし大の大きさの物であれば，手のひらを下にして手をぎゅっと握って「つかむ」だけで目的は果たせますが，それより大きいか握力が弱

ければ，手のひらを上に向けて目的物を載せてもらう「持つ」という動作になります。これも片手で持てなければ両手で，または袋やかごに入れて持ち手を持たせてもらうことになります。先に例示した買い物の際のレジ袋の持ち方になります。これを自分でやるとなると「持ち上げる」「持ち続ける」「持ち運ぶ」という行為になり，最後は目的地で静かに「降ろす」という一連の動作になります。しかしそれがもしボールや雪なら，降ろすという行為がそのまま「投げる」という行為に結びつきますし，投げられたものを再びつかむのが「捕る」ということです。

　一方，手のひら全体でつかむ物より小さいと，親指，人差し指，中指で「つまむ」ことになります。つまんだ物を放せれば，洗濯ばさみをつまんだり放したりする洗濯物干しのお手伝いができます。そしてつまんだ状態で回転できれば，ペットボトルのキャップなどの開け閉めができることになります。

　また，空中でつまんだ物を真下に放せば「落とす」という行為ですし，瓶の中に豆を「入れる」とか，箱や袋の中から小さい物をつまんで「取り出す」こと，つまみ上げた物をテーブルの上に「並べる」ことなど，いろいろな日常動作に発展していきます。そのほかにも，つまんだままぶつけ，それを両手で引き裂くのが「卵を割る」という行為になりますし，つまんだまま横に引けば「チョークで線を書く」行為になります。

　もちろんそうしたことが「暮らす力」として使えるようになってくると日々の生活はとても快適になり「自立」に近づきます。また「楽しむ力」として使えれば「社会参加」の幅が広がります。さらに「はたらく力」として手仕事に使えれば申し分ありません。このように自立活動の授業などで行われる手指の機能訓練，手先の器用さを育む巧緻訓練などは，日常生活や学習のためだけではなく，社会生活において使えるようになるまで，発展させないともったいないです。

楽しむことでは，トランプ遊びを通じて，手指の滑らかな動きを結構学べます。

①トランプを集めて，向きをそろえる
②トランプをきる（シャッフルする）
③トランプを配ったり，並べる
④トランプを扇のように広げる
⑤トランプをめくったり，積み上げる

学校では「自立活動」という授業でこうした手指の動きを育てますが，たとえ週5回「訓練した」としても，家庭生活のなかで「自然と」手指を使うチャンスのほうがはるかに多いわけです。

施設や作業所では，クッキーやパウンドケーキなどのお菓子づくりや，パンづくりをするところがかなりあります。そこでは生産工程のなかに次のような「手作業」があり，そうした手指の動きができていると，自信をもって作業に取りかかれます。

①粉を「ふるう」，秤に「載せる」
②粉や砂糖などをスプーンやカップで「すくう」「入れる」
③材料を「まぜる」「溶く」「泡立てる」「流し込む」
④生地を「こねる」
⑤生地を「伸ばす」
⑥生地を「丸める」「切る」「型抜きをする」「穴をあける」
⑦「形を整える」「模様を描く」，トッピングを「載せる」「まぶす」
⑧鉄板の上にシートを「敷く」「並べる」

実はこの「手作業」は陶芸作業でもまったく同じですし，粘土遊び，砂遊び，泥んこ遊びでも自然と培われていくものです。だから「暮らす力や楽しむ力としてつけておけば，働く力になる」ということなのです。

日常の家庭生活のなかでは，次の図のような場面があると思います。

使った傘やコードをまとめるときには，バンドが付属しているはずです。くるっと巻いて，ぱちんと止めるわけです。止め具はスナップ式のものが普通ですが，ボタン式だったりひっかけ式のものもあります。

これができれば，ある程度の厚みがあるものを紐で束ねるという段階に進みます。エプロンや靴紐といった，自分自身の身辺処理レベルの紐結びとは違い，こうしたことができるようになるとちょっと「仕事」になります。二穴パンチで紙に穴をあけて，普通はファイルにとじ込むでしょうが，あえて昔風に台紙を付けてとじ紐で結ぶなどという経験をしていると，ゆるみ具合などを調整する力がつきます。新聞紙はぎゅっと束ねないといけませんが，花束などのリボンは軽く結ぶといった違いが，単に蝶々結びが上手にできるというスキルより大切になってきます。

最も難しいのが輪ゴムです。一重で10個ずつ束ねるということにも使いますが，輪ゴムは伸びるのでひねることで二重，三重にきつく結わいたり，裏表でひねって十文字にしたり，向かい合う二つの角にたすき掛けにしたりできます。それもすべて片手の中で行うわざです。するっと抜けてこないようなきつさにしますが，伸ばしすぎると切れてしまいます。特に，漬け物などが入ったビニール袋の口を輪ゴムで縛るのはなかなか大変です。女の子だと，自分の髪の毛を結わくということができるようになると身だしなみにも通じます。今は食べかけのスナック菓子の袋を止めるような道具が百均などで売っていますが，おやつを食べ終わったら輪ゴムをかけてしまうといったことなら毎日のように自然と輪ゴムに親しめます。てるてる坊主を作るときに輪ゴムを使う経験をしていると，高等部に行って，藍染めや草木染めなどの作業をする際に，染めない部分を輪ゴムで縛るといった作業にスッと入ることができます。

　実際の仕事になると，結束機といった機械で梱包したり，野菜などの袋詰めの際には結束テープやバンドが使われます。そうしたことのスキルを学ばせるのではなく，家庭では「まとめる，束ねる，結わく」というのが，なぜ必要なのか，ゆるいとほどけてどうなってしまうのか，何で束ねるのが一番いいのか，といった基礎基本について日常生活のなかで，機会があるごとに繰り返し教えていけるのが強みです。

　固結びにするか蝶々結びにするかは，その後に「ほどく」かどうかで決まります。結び方をいちいち指示される段階（情報活用能力）から，先のことを考えて（将来設計能力）自分で決める（意思決定能力）段階へ高めてあげましょう。その際，わからなければ聞くこと（人間関係形成能力）を教えましょう。

重度重複の子どもでも「食べる」「飲む」ための準備は，動機づけがはっきりしているので取り組みやすいので，そのなかでできるだけ手指を使うことをあえてさせましょう。ただし決して「うまく」「早く」「すべてを１人で」なんて言ってはいけません。「できること，できそうなこと」を「ゆっくり時間をかけて」「難しいところは手を貸しながら」楽しく，ゆったりとするのが，学校とは違う家庭での学習です。

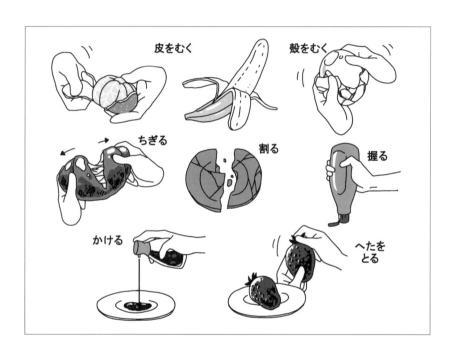

　こうした自分が食べるものができるようになってくると，レタスをちぎる，玉ねぎの皮をむしる，ラーメンの袋を破く，キュウリなどをパキンと２つに折る，ドレッシングなどを振るなどといった調理のお手伝いができる可能性が出てきます。事実，学校における調理実習では，道具や火を使わないこうしたところから，児童生徒の能力に応じて分担を決めてかかわらせているのです。

我慢ができるということ
～世の中は思い通りにならないことだらけ～

　ドアや袋を「開ける」，電灯を「点ける」，水道を「出す」といった行為は，「閉める」「消す」「止める」という行為より，早く1人でできるようになります。なぜでしょうか。それは「欲求」や「目的」がはっきりとあるためです。一方「開けたら閉めなさい」「点けたら消しなさい」「出したら止めなさい」とよく小言のように言われるのは，本人にとってやらねばならない「必然性」や「理由」が見つからないためです。だからこうしたことは「しつけ」「習慣」として身に付けさせないとなりません。つまり94ページの図のように，スキル的に「閉める」「消す」「止める」ができるにもかかわらず，自分からやろうとしないのは，そうしなければならない訳や，しなければどうなるかの見通しが立てられないといった「意味づけ」や「意思」の弱さにあるのです。

用や目的がある

　欲求　　　　必要性

欲求や必要性が満たされてしまうともとに
戻すことを忘れてしまいがち

不安や予測がある

泥棒が入って
こないように施錠

次に使う時や人のことを
考えて片づけ・整理整頓

OFF

世の中や未来のことを
考えて省エネ

ここで気づかれたことと思いますが，自閉症の子は反対です。ドアが少し
でも開いていると閉めにいく，本人なりのルールですがきちんと並べないと
気が済まない，電気が点いていると消しに回る，つまりしつけて習慣化させ
ないとならないことを「こだわり」としてすでにもっています。つまり用事
や目的があって使用されるというのは，いつもとは違う不安定な状態になる
ので，「安定」を好む自閉症の子の不安をあおるわけです。しかしそれはあ
くまでも「こだわり」であって，本来の目的である「他人のことを考えて」
とか「予測したことへの対処・回避行動として」といった理由から出た行為
ではありません。だから時として暑いのに窓を閉めてしまう，出しっぱなし
にしておいてほしいのにしまってしまうといった融通の利かない「ありがた
迷惑」になってしまうことも少なくありません。

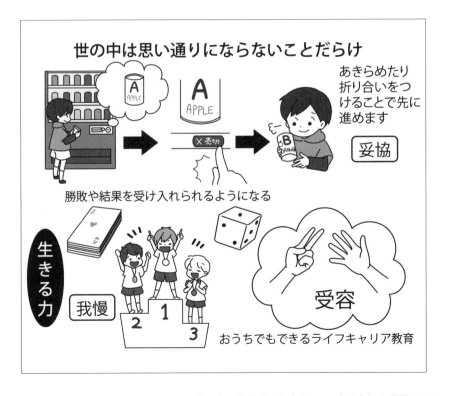

子どもの「心の成長・変容（キャリア発達）」を願って，そうなれるように支援していくのがキャリア教育です。もしこのような例のときに，本人はイライラするでしょうが，少しの隙間なら閉めにいかなかったり，閉めにいく回数が減ったりすれば，それだけでもすごい成長です。「我慢する」とか「折り合いをつける」ということが，将来の社会生活でどれだけ有効か計り知れません。

　とにかく世の中は思い通りにはいかないことばかりです。自分1人だけで生活しているわけではないので，相手の都合や状況の変化に対応していかなければ，自分自身が苦しい思いをするだけです。ちょっとした我慢や妥協をすることで，道が開けていく場合がほとんどです。

　先の図は，ある銘柄のジュースを買いに自動販売機に行ったら，「売り切れ」サインが点灯していて，思い通りのものが買えないという状態を示しています。そのときの選択肢は2つです。1つはほかの自動販売機を探すことです。近くにあればいいですが，今すぐに飲みたいとなると次の選択肢「仕方ない，別の銘柄でもよしとするか」に進むことが考えられます。つまりベストな選択ではありませんが，よりベターな選択です。こうしたことは現実社会においてはかなり見られます。

　世の中では，人と競い合うことがかなりあります。争いを好まなくても，遊びやゲームのなかで巻き込まれることが少なくありません。そこには「勝敗」や「順位」という結果がつきものです。それを非常に気にしたり，勝ちや一番にこだわってしまうと，人間関係が崩れたり阻害されることになります。物事は常に勝利，常にトップではおもしろくありません。じゃんけんやサイコロのように偶然性が高く，勝ったり負けたりするからこそまたやってみたくなるのです。まずは結果を「受け入れ」「我慢し」「気持ちに折り合いをつけて」「妥協する」という心の成長・変容（キャリア発達）ができるよ

うに支援していくことが「社会で生きていく」には大切です。

　次に述べるのも，世の中で生きていくには避けて通れない「待つ」ということです。誰しも自分の都合やペースでやりたいと思いますが，社会で生活する場合は時間や相手などに合わせないとなりません。人間２人いれば社会です。相手が「トイレに行きたいから待ってて」と言えば，相手が戻ってくるまで待っていなければなりません。待てないからといって勝手にいなくなっては，その時点で「社会」から逸脱した行動をとったことになります。

　待てないのには，上の図のように２つの理由があります。待つ意味がわからないことと，待っている間にしていることがわからないためです。言い聞

かせても時間を置かず「まだ？」「もういい？」と何度も聞き返してくる子もいるでしょう。でもそう言いながら（相手とやりとりしながら）頑張って待っているわけです。そういう場合は，キッチンタイマーや砂時計のように残り時間がわかるようなものを示すことで，「まだぁ？」と次に言い出す時間をコントロールしていきます。最新型の歩行者用信号機は，青に変わるまでの残り時間が，目で見える形で表示されるようになり，「待つ」イライラが減りました。ホームで次の電車が「隣の駅を出ました」といった表示が出たり，路線バスで「今どこを走っています」といった案内が出るようになったのは，それだけ現代人が「待つ」ことにストレスを感じている表れだと思います。

　もう1つ，誰しもがボーっと待っているわけではなく，その間に何かをしながら待っています。寝ている人もいれば，イヤホンで音楽やラジオを聴いている人，新聞・雑誌・文庫を読んでいる人，数独などのパズルを解いている人，お化粧などに夢中になっている人，缶コーヒーなどを飲んでる人，最近一番多いのはスマホをいじっている人でしょう。また一見ボーっとしているように見えても，景色を眺めている人，人や興味あるものを観察している人，思索にふけっている人などさまざまです。つまり何かをしていれば，待っている，待たされていることが苦になりません。そして待たされることや待たされる時間があらかじめ知らされていれば，対策グッズを持参したり，時間つぶしの手段を考えておけます。つまり待ち時間を「活用する」手に出るわけです。このようにいろいろと講じる手段をもっている人ほど「待てる」ので，「他人に迷惑がかからないように静かに」待つ方法を探したり教えておくことをお勧めします。

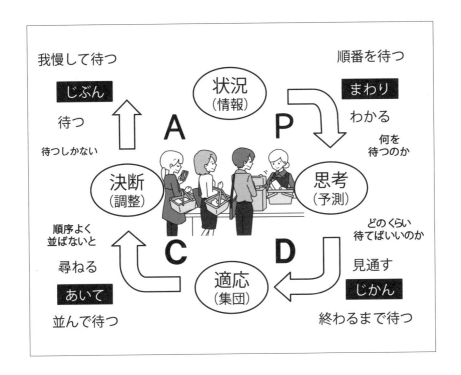

　「待つ」という行動を一連のプロセスとしてまとめたのが，上の図です。レジで精算をするために列の後ろについて「待つ」ことを例にします。まずそれが何のための列か，待ったあげくに何があるのかという「待つ目的」がはっきりしないといけません。その後，列の長さを見たり前の人のかごの中の分量を見て，おおよそどのくらい待たされるのかを予想します。次に他の人は整然と並んでいるのだから一度抜けたらまた最後尾に並ばないといけなくなります。1つ買い損ねた，持ってこようと考えたら「ちょっとすみません，買い忘れがあって，すぐに戻ってきます」などと後ろの人に言ってかごを置いたまま列から離れることもあるでしょう。もちろん戻ってきたら「すみません，助かりました」などと礼を言うでしょう。そして最後は，隣の列のほうが早かったなと後悔することがあって自分の番がくるまで「我慢」して待つわけです。

課題5 家事ができるということ
～進路先はものづくりからサービス業へ～

　中学部，高等部になると，時間割のなかに「作業学習」という授業が週に
何回か入ってきます。文部科学省でも「地域性」を強調しているので，実際
にどのような作業をするのかは，学校にかなり委ねられています。

　しかし創立30年，40年たっている旧「養護学校」では，校舎の作りの関係
で作業種がほとんど似ています。代表的なのが次のような作業班です。

伝統的ものづくり型　作業班

コンクリート班　　木工班　　窯業・陶芸班　　農耕・農園芸班

織物班　染物班　　手工芸班　　石鹸班　　紙漉き・紙工班

　これらは一見関連性がなさそうに見えますが，共通点として，それぞれ生
産したものを販売するのが目的です。そのために必ず，文化祭などで販売コ
ーナーがあったり，地域のバザーなどに出店したりして，生産物をお金に換

え，次の材料を仕入れたり，打ち上げ会をします。それによって「経済」という仕組みを実体験のなかで学んでいく授業です。本来は，何の作業をするか，どんな作業工程を担当するかは二の次で，

①半日，1日作業を続けるだけの体力，持久力をつける
②半日，1日作業を続けるだけの集中力をつける
③指示に素直に従って黙々と作業する態度や習慣を身に付ける
④働くことの大切さや喜びを知る

といった目的があり，作業班や担当は毎年変わるのがあたりまえでした。しかしいつの間にか，どの学校でもどの作業班でも，「売上目標」が設定され，その達成と突破が目的になってしまいました。その結果，同じ作業班で同じ作業工程を長く担当している生徒が重宝がられ，ベテランとして売上目標達成のためのキーマンになっていきました。そして生徒が達成できない場合は，教師が夜なべで作り足していたという笑い話すらあります。そこまでして「売上」にこだわり，互いに競い合っていました。

　確かに21世紀初頭までの現場実習先や就労先は，金属，プラスチック，段ボール，布地など材質は違っても，その「加工」「組立て」を中心とした製造業（メーカー及び下請け）が中心でした。その頃の施設や作業所の受注品も，内職的な細かい組み立て作業が主でした。そうした職場では確かに，「職人」的な人が好まれますので，当時はそれでよかったのです。

　しかし時代は変わり，キャリア教育が叫ばれるようになってからは，生徒たちの現場実習先や進路先が一変しました。不況の影響で製造業が振るわなくなった分，「小売業」「飲食業」「流通・倉庫業」「清掃業」といったサービス業へシフトしていきました。それまであまり障害者雇用に熱心でなかった大企業も，次々と特例子会社を設立して大量の卒業生に進路先を提供してくれました。そしてその特例子会社の仕事内容というのが，親企業が銀行であ

れ，製薬会社であれ，百貨店であれ，鉄道会社であっても，だいたいどこでも「社内の清掃」「ユニホームの洗濯」「社内郵便の仕分けや配達」「事務用品の補充」「名刺や社内報の印刷・製本」「伝票の整理」「在庫の整理や管理」といったサービス業になってしまいました。

　施設や作業所でも，これまで自主製品の中心であった手芸の小物（支える母親が作りやすかった）に代わり，パンやクッキーなどの食品づくりが主流になってきました。作ればその日のうちに売れるので生産効率がいいのです。販売方法もこれまではバザーのときに出店する形だったのが，道路沿いにお店を構えたり，会社や市役所のお昼をめざして売り込みに行ったり，アパートの一室でひっそりと作業していたかつてのイメージはなくなりました。喫茶店や弁当屋を経営したり，請け負ったチラシをポスティングしに行ったりするところも現れて，仕事の中身が様変わりしました。

そうなってくると，学校でやっている作業内容がダイレクトに現場実習先や進路先に結びつかなくなってきました。それでもいいのだという伝統的な特別支援学校がある一方で，ここ10年間に新設された特別支援学校では，最初からものづくり作業班にこだわらなくなってきました。先の図のように，1つも「伝統的ものづくり型（作りだめしてまとめて売る）作業班」が存在しない特別支援学校さえ出てきました。

　伝統的なものづくり型作業学習との決定的な違いは，生産物もない代わりに，文化祭やバザーで販売する製品がないということです。それが第3次産業である流通・サービス業の特徴でもあります。販売する物がないということはお金が得られないということになりますが，仕入れる原材料もほとんどないので，売上にこだわらなくてよいことになりました。

　これまでの作業学習は，一生懸命作ったものがバザーで完売し売上金を手にすることで「作業意欲」を喚起してきました。手にしたお金が多ければ，盛大に打ち上げ会ができ，いい思いができるシステムでした。しかし昨今は時代背景が変化し会計の透明性が叫ばれてきたため，どの都道府県でもこうした売上金をパーティー費用に充てることを禁じ，公立学校はその設置者である都道府県市に納入させるシステムに切り替えました。つまり一生懸命作って完売したとしても，生徒の手元には1円も残らないことになりました。これでは「作業意欲」も「作る喜び」も失せます。

　ではサービス提供型の作業学習では，この点をどうしているのでしょう。なかにはお金を徴収してサービスを提供したり，売上が出る作業班もありますが，清掃班の場合は校内の廊下やトイレの清掃をしたり，事務班は職員室で出る書類をシュレッダーしたり，洗濯班は他の作業班が使った衣類を洗ったりで，そのほとんどは「無償」つまり「ボランティア」なのです。それにもかかわらず，一生懸命やれるのはなぜでしょう。

答えは「ありがとう」とみんなから感謝されるからです。これはものづくりで対面販売をしたときには得られなかった喜びです。なぜなら売ったときに「ありがとう」というのは売り手であって，買ってくれた人が使う言葉ではないからです。実はここが人間の「働く意欲」の最も大切なことであって，お金をもらえるから働くとか，もらえないなら働かないといった気持ちだけではなく，他人に喜んでもらえるなら働く，他人に楽してもらうために働く（端楽_{はたらく}）といった「崇高な」気持ちがあります。だから「ボランティア」という「働き方」が成立するのです。

　つまり「お金」という労働対価で満足感を得るのではなく，「ありがとう」という感謝の言葉で，自己肯定感・存在感（自分の価値や存在そのものを自分で認めること）や自己有用感（社会における自分の必要性や役割を実感すること）を得ることのほうが，はるかに人間として価値があります。もちろん感謝だけでは経済生活はしていけませんので，それに見合った労働対価をもらうことにはなりますが，「お金」のために働くといった物欲ではなく，相手の気持ちや立場になった「思いやり」の心が育めます。

　実は，この労働形態の原点が「家事労働」なのです。毎日繰り返される家事・育児・介護といったことは「暮らす」であって「働く」ではないといわれます。それは一生懸命やっても労働対価が支払われないからです。専業主婦が批判された時期もありましたが，他の家族に負担をかけないように身を粉にして家事・育児・介護に専念していることも少なくありません。そうした専業主婦・主夫は何を支えに頑張り続けられるのでしょうか。それは，他の家族からの「ありがとう」の一言でしょう。他の家族が「自分たちが労働や学業に専念している間，家にいるのだからやっていて当然だ」などと思っていたら，専業主婦・主夫はとてもやり続けられません。「私（僕）が家事・育児・介護をしているから，みんなは会社や学校に安心して行けるんじゃないの」と思わず言いたくなります。

112

こうした家事労働に対して，どこからもお金がもらえないのは百も承知で「働く」のです。ワーク・ライフ・バランスが叫ばれたり，共働きが主流になり，一億総活躍社会だのいわれる現在，その家事労働の重みがぐっとのしかかります。

　上の図を見てください。卒業生の現場実習先，進路先が第3次産業にシフトしてきたというのは，こういう社会状況の変化と決して無縁ではないのです。つまり専業主婦・主夫が担ってきた家事・育児・介護といった労働の一部またはすべてを肩代わり・代行するのがサービス業だといってもいいのです。代行してもらうことで空き時間ができれば，好きな仕事に就くこともできますし，心のゆとりができればやりたかった趣味も始められます。専業主

婦・主夫が抱えてきたストレスが減れば，家族の楽しい会話も増え，家庭も円満にもなってきます。

　というわけで，陶芸や機織りなど「ものづくり」のいろいろなスキルは学校でしか学べませんでしたが，第3次産業の多くは，「衣・食・住」の家事労働で基礎基本は学べます。学校で「家庭科」の授業で触れられる内容も回数も限られています。しかし家庭生活のなかでは，何度も繰り返してすることができます。例えば，ケーキなど洋菓子を作る工場では，1日に何百個もの卵を割る仕事があります。学校の調理実習で卵料理をするのは，年に1回くらいでしょう。つまり学校では1年に1回だけ，それも1個の卵を割る経験しかしないのです。これではうまくなるどころか次にやるときは，割り方を忘れているかもしれません。しかしこれをもし家庭でやるとしたら，週に何回も練習するチャンスがあるでしょう。そうです。学校に頼っていても経験不足は解消されないのです。

　家庭内を見渡すとたくさんの家事があります。掃除機ひとつかけるにもそれなりのわざと工夫が必要です。カーペットの上は「強」，カーテンは「弱」といった使い分けや，ノズルをうまく付け替えることも大切なスキルです。清掃業に就かなくても，どの会社，事業所に行っても朝や帰りに掃除はします。床掃除，机拭きくらいはできるようになっていると好まれます。トイレ掃除も新入社員だとやらされることもあります。仕事はあまりできなくても，トイレ掃除を嫌がらずにしたおかげで，点数を稼いだ卒業生もいます。最近多くなった高齢者デイサービス施設での就職では，高齢者の介護だけではなく，トイレや浴室の清掃は大事な仕事の一部です。家でどのくらい家事をしていたかがすぐにわかってしまいます。

　最近は，うちはロボット掃除機の「ルンバ」が自動で掃除してくれるし，食洗機だし，全自動洗濯機だし，手伝わせる仕事がなくて，という家庭も多

114

くなってきています。製造業はそういう機械化・合理化をして知的障害者の働く場を奪ってきました。でも機械は故障します。停電だと使えません。ぜひ手で食器を洗うこと，洗濯すること，掃除をすることを覚えさせてください。それは何も就職するための「働く力」としてではなく，将来親亡き後にグループホームなどで「暮らす力」として花開きます。さらに友達とキャンプに行ったりしたときの「楽しむ力」にもなるはずです。

　ある県の保護者向け研修会でこんな質問が出ました。

　夏休み前に担任の先生から「お手伝いをしたらお小遣いをあげてください。労働と報酬の関係が学べ，それを励みに頑張るようになりますから」と言われて早速実行しました。ところがだんだん高額なお金を要求するようになり，そんなにはあげられないと言った途端，頼んでもお手伝いをしなくなりました。家事を通じていろいろ教えたかったのに，この先どうしたらいいでしょうか。

　みなさんはどう考えますか。この担任の先生の考え方は，キャリア教育をワークキャリアと考えている人々に共通しています。早い段階から「仕事」というものを意識させるために，小遣い・お駄賃を代償として渡しなさい，ただ働きはさせてはいけません，そうしないと労働意欲がわきませんという論理です。本人もお母さんもまさにその犠牲者です。

　実はこの話は，私が今まで述べてきた「ありがとう」という感謝の言葉をかけてもらうだけでも満足できる人にしておかないと，サービス業は務まらないという話とつながるのです。人は何のために働くか，給料をもらう以前に「誰かの役に立ちたい」という気持ちがあるのではないでしょうか。結果的にそれでお金がもらえればいい程度であって，そうでないとお金の亡者になり，他人を蹴落としても傷つけても儲かりさえすれば，自分さえよければいいという人になってしまいます。

しかし現実的に，何かで釣らないとお手伝いしてくれないし，頑張ってくれるのに何もあげないのはかわいそうと考える人もいるでしょう。そこで，こんなアイデアはいかがでしょうか。

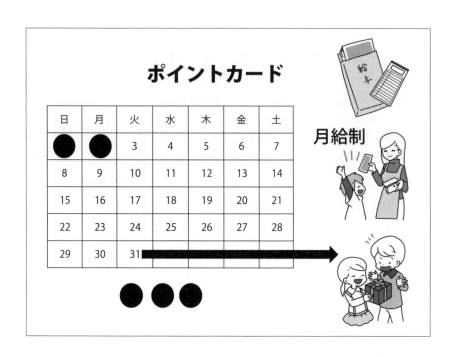

1回お手伝いしたからといって，その都度何か報酬を与えていては，行動心理学上，それをあてにするようになり，報酬がないとしなくなります。そこで，昔から「トークン」という学習方法がありました。今でいう「ポイント制」です。10回やったらご褒美というわけです。それを使うとしたら，その回数は30〜31回でゴール，つまり1日1回ずつするお手伝いなら1か月したところでご褒美を渡します。

これは「月給」と同じ考え方です。会社に入って毎日一生懸命仕事をしても，帰りがけに毎日給料はもらえません。1か月働いたところで，1か月分

116

の給料がもらえます。これは時給制でも同じ仕組みです。カレンダーにやったらシールを貼っていって数字がすべて隠れたらゴールです。ご褒美は必ずしもお金とは限らず，子どもに選ばせましょう。物ばかりでなく，どこかに行ける，何かができるというのも，「楽しむ」ことと直接結びつけられて有効です。

　いかがでしたか。家庭ではライフキャリア教育の題材がどこにでも転がっています。これは経験させておいたほうがいいなと気づき（情報活用能力），それが先々どう役に立つのかがわかり（将来設計能力），ママ友や先生にも相談して（人間関係形成能力），早速今日から実行しようと決意する（意思決定能力）保護者の一連の行為は，キャリア教育の流れそのものです。

まずは，やり方をたくさん見させて，やろうとし出すまで待ってください。「手伝ってよ！」ではなく「やってみる？」と言葉をかけます。保護者の洗濯物の干し方ひとつでも，子どもの頭にはしっかり刻み込まれていて，学校で洗濯物を干す授業をすると，干す順序や隣に何を干すかなど，その「家庭流」がよく表れます。そうやってだんだん１人でも干せるようになっていきます。ある保護者は，子どもが斜めに干してしまうので，向かい合う洗濯ばさみがわかるように，色違いに改造して，その子専用のカラフルなハンガーを作りました。手がかり（情報活用能力）を見つけやすくすれば，１人でできるようになる例です。

　もう１つは，自分のものから始めて，家族みんなの分までできると家事分担になるという話をしましたが，ぜひ家の外にも発展させて，例えば回覧板を隣の家に持っていく役目とか，家の前の道のゴミを拾ったり草取りをする役目，犬の散歩に一緒に行ったら糞を始末する役目など，ちょっとでも近所の人の目に触れやすいことができるようになると，「偉いわねぇ」「お利口さんね」「きれいにしてくれて助かるわ」といった言葉をかけてもらうことで，その地域で生きていく自信と意欲につながります。うるさい子，世話の焼ける子，手に負えない子と言われ続けていたら，本人は自信を失うだけです。たとえそうした行動が見られたとしても，それを挽回するような「善行」があれば，地域の人の見方は180度変わってきます。「へえー，あの子がね」「大人になってきたね」「いいとこあるじゃん」そう思われながら，住み慣れた地域でかけがえのない人生を送っていけたら，こんな幸せなことはありません。

　毎日大変で憎たらしいとさえ思うと言っていた母親が，ある日「最近はご飯のときに自分から箸を並べてくれるんです。他の兄弟もやろうとしないのに，何だかこの子が兄弟のなかで一番かわいいと思うようになりました」と言ってきました。こんな話が地域の人の口から聞けるといいですね。

118

最後にもう1つ出た質問にお答えして終わりにします。

> 　主人の両親と同居しています。私は息子にいろいろな家事を覚えさせたいのですが、両親が「かわいそうだ」「私が代わりにやるから」といくら理由を言っても聞く耳をもってくれません。私も嫁の立場上、こんなことで波風を立てたくないので、ついつい両親の言い分に従ってしまいます。息子の将来のことを考えるとどうしたらいいのでしょうか。

　母親はライフキャリア教育の意義をわかってくださっても、父親や祖父母、または兄弟姉妹たちが甘やかしてしまうという例は、小さい頃に身体が弱く病院通いが多かった子の家庭などで多く見られます。

　どんなに障害が重くても「親亡き後」ということは常に頭の片隅に置いておかなくてはなりません。「この子より1日長く生きる」というのが多くの保護者の願いでしょう。しかし現実はそう生易しいものではありません。少しでも自分のことが自分でできれば、それだけ自分の意思で自由に生きられる範囲や選択肢が広がります。自分自身の手でできなくても「やって」「手伝って」という何らかの意思表示ができれば、同じことです。

　家庭のさまざまな事情で、家庭のなかでライフキャリア教育が難しいところもあるでしょう。ベッドの生活しかしていないのに、宿泊学習を前に布団敷きの練習をしましょうと言っても無理です。電磁調理タイプのレンジしかないのにガスの火のコントロールは教えられません。そうしたときは、学校に頼みましょう。どこでも「個別の指導計画」を作成するために毎年懇談会や家庭訪問があるはずです。そのときに、「これは家庭でもできますが、これは家にはないのでできません」とはっきり伝えてください。担任はそれこそ「個別対応」してくれるはずです。

これが，この本の主題である「保護者と学校のスクラムづくり」なのです。学校だけでやっても1回の経験で終わってしまうことを家庭で日常的に行ってもらうように，そのやり方やポイントを伝えることが大切です。反対に家でできていることを学校に伝えることで，みんなの前で発表できたら，それこそ自信につながります。さらに学校でしかできないこと，家庭でしかできないこともあります。この辺をどう分担するかということこそが，保護者が参画した，真に将来を見据えた「個別の教育支援計画づくり」ではないでしょうか。

　学校で買い物学習に行ったとき，金種などはわかっているのに財布から小銭を出すのに非常にもたついていた生徒がいました。担任が早速「家でもお使いに一緒に行ったときにレジで払う練習をさせてください」と伝えたところ，「うちはカード払いなので小銭は持って歩きません。それにこの子も将来はカードを持たせて買い物をさせるので別に困りません」という意外な答えが母親から返ってきました。確かに最近は，スーパーのレジに並んでいてもそういう買い方をする人が増えています。電車に乗るにもSUICAやPASMO等IC乗車カードの時代です。しかし，問題はその母親の意識です。

　財布から小銭を出すというのは何も支払いだけを意味していません。それなら財布の中身をすべて台の上にぶちまけて，そこから適切な硬貨を選ばせれば済むことです。空中でごそごそと目当ての硬貨を探ることができるということは，それだけでも手指の訓練になっています。別の生徒の保護者は不器用なわが子のために，がま口型の大きく開く財布を持たせてきました。カードといった電子機器はいつシステム障害が起きるか，停電で使えなくなるかもしれません。それに万一，親が亡くなればカード決済そのものが無効になりますし，カードを持ち歩いていると，いろいろな犯罪に巻き込まれるリスクもぐっと高まります。やはり基本は現金が扱えなくては，いざという時に困ります。

この事例では母親の協力は得られないので，それこそ担任がその子の将来を憂いて，学校の役割として，その子が現金で支払う場面を多くつくりました。しかし入浴指導，排便処理，服薬管理，就寝準備などは家庭に委ねざるを得ない「生きる力」です。このように家庭と協力がうまくいかないケースでも，将来困るのは生徒だと思えば一肌脱いで学校に宿泊させてでも指導したのが古きよき時代の熱血教師でした。今では，遠い昔の話と一笑されるかもしれませんが，それが知的障害教育，そしてライフキャリア教育の原点なのではないかと思います。

合理的配慮等具体例データ集

障害者差別解消法（障害を理由とする差別の解消の推進に関する法律）は，全ての国民が，障害の有無によって分け隔てられることなく，相互に人格と個性を尊重し合いながら共生する社会の実現に向け，障害を理由とする差別の解消を推進することを目的として，平成28年4月に施行されます（※施行済）。このページでは，合理的配慮等の具体的な事例をご紹介します。

合理的配慮は，障害の特性や社会的障壁の除去が求められる具体的場面や状況に応じて異なり，多様かつ個別性の高いものです。建設的対話による相互理解を通じて，必要かつ合理的な範囲で，柔軟に対応がなされるものであり，本データ集に事例として掲載されていることを以て，当該事例を合理的配慮として提供しないことがただちに法に違反するもの（提供を義務付けるもの）ではない点にご留意ください。

参考事例集は，合理的配慮や不当な差別的取扱いの具体例だけではなく，いわゆる事前的改善措置・環境整備にあたる内容も含んでいます。

〈全般〉
×不当な差別的取扱いの例
・障害を理由に窓口対応を拒否する
・障害を理由に対応の順序を後回しにする
・障害を理由に書面の交付，資料の送付，パンフレットの提供等を拒む
・障害を理由に説明会，シンポジウム等への出席を拒む
・事務・事業の遂行上，特に必要ではないにもかかわらず，障害を理由に，付き添い者の同行を求めるなどの条件を付けたり，特に支障がないにもかかわらず，付き添い者の同行を拒んだりする

・「障害者不可」「障害者お断り」と表示・広告する
・試験等において合理的配慮を受けたことを理由に，試験結果を評価対象から除外したり評価に差をつける
・本人を無視して，介助者・支援者や付き添い者のみに話しかける

○代表的な合理的配慮の例
・困っていると思われるときは，まずは声をかけ，手伝いの必要性を確かめてから対応する
・目的の場所までの案内の際に，障害者の歩行速度に合わせた速度で歩いたり，前後・左右・距離の位置取りについて，障害者の希望を聞いたりする
・障害の特性により，頻繁に離席の必要がある場合に，会場の座席位置を扉付近にする
・筆談，読み上げ，手話など障害の特性に応じたコミュニケーション手段を用いる
・意思疎通のために絵や写真カード，ICT 機器（タブレット端末等）等を活用する
・入学試験において，別室受験，時間延長，読み上げ機能等の使用を許可する
・支援員等の教室への入室や授業・試験でのパソコン入力支援等を許可する
・取引，相談等の手段を，非対面の手段を含めて複数用意する
・精算時に金額を示す際は，金額が分かるようにレジスター又は電卓の表示板を見やすいように向ける，紙等に書く，絵カードを活用する等して示すようにする
・お金を渡す際に，紙幣と貨幣に分け，種類毎に直接手に渡す
・重症心身障害や医療的ケアが必要な方は，体温調整ができないことも多いので，急な温度変化を避ける配慮を行う

〈行政機関〉

○代表的な合理的配慮の例

・駐車スペースを施設近くにする（来庁者数に応じて施設に近い一般車両区画も障害者用とする）

・段差がある場合に補助する（キャスター上げ，携帯スロープなど）

・高いところにある資料を取って渡す，資料を押さえて見やすいように補助する

・順番を待つことが苦手な障害者に対し，周囲の理解を得た上で手続き順を変更する

・会場の座席など，障害者の特性に応じた位置取りにする

・疲労や緊張などに配慮し別室や休憩スペースを設ける

・筆談，読み上げ，手話などを用いる

・案内の際，歩く速度を障害者に合わせる

・書類記入の依頼時に，記入方法等を本人の目の前で示したり，わかりやすい記述で伝達したりする

・ホームページなど外部情報の発信の際，動画に字幕（文字情報），テキストデータを付す

〈教育〉

○代表的な合理的配慮の例

・聴覚過敏の児童生徒のために机・いすの脚に緩衝材をつけて雑音を軽減する

・視覚情報の処理が苦手な児童生徒のために黒板周りの掲示物の情報量を減らす

・支援員等の教室への入室や授業・試験でのパソコン入力支援，移動支援，待合室での待機を許可する

・意思疎通のために絵や写真カード，ICT 機器（タブレット端末等）を活用する

・入学試験において，別室受験，時間延長，読み上げ機能等の使用を許可する

〈雇用・就業〉
○代表的な合理的配慮の例
・募集内容について，音声等で提供する
・採用試験について，点字や音声等による実施や，試験時間の延長を行う
・面接時に，就労支援機関の職員等の同席を認める，筆談等により行う，体調に配慮する
・業務指導や相談に関し，担当者を定める
・業務指示・連絡に際して，筆談やメール等を利用する
・図等を活用した業務マニュアルを作成する，業務指示は内容を明確にし，一つずつ行う等作業手順をわかりやすく示す
・拡大文字，音声ソフト等の活用により業務が遂行できるようにする
・出退勤時刻・休憩・休暇に関し，通院・体調に配慮する
・危険箇所や危険の発生等を視覚で確認できるようにする
・移動の支障となるものを通路に置かない，机の配置や打合せ場所を工夫する等により職場内での移動の負担を軽減する
・机の高さを調節すること等作業を可能にする工夫を行う
・スロープ，手すり等を設置する
・体温調整しやすい服装の着用を認める
・感覚過敏を緩和するため，サングラスの着用や耳栓の使用を認める等の対応を行う
・できるだけ静かな場所で休憩できるようにする
・本人の負担の程度に応じ，業務量等を調整する
・本人のプライバシーに配慮した上で，他の労働者に対し，障害の内容や必要な配慮等を説明する

〈公共交通〉

○代表的な合理的配慮の例

・券売機の利用が難しい場合，操作を手伝ったり，窓口で対応したりする（鉄道）

・停留所名表示器などの設置のほか，肉声による音声案内をこまめに行う（バス）

・車いす等の大きな荷物のトランクへの収納の手助けを行う（タクシー）

・障害のある利用者が化粧室に行く際に，移動を手伝う（飛行機）

・障害の特性を理解した上で，適切な接遇・介助を行えるよう教育・研修を行う

〈医療・福祉〉

○代表的な合理的配慮の例

・施設内放送を文字化したり，電光表示板で表示したりする

・車椅子の利用者が利用しやすいようカウンターの高さに配慮する

・患者が待ちやすい近くの場所で待っていただく

・外見上，障害者と分かりづらい患者の受付票に連絡カードを添付するなど，スタッフ間の連絡体制を工夫する

・障害者に配慮したナースコールの設置を行う

・障害の特性に応じた休憩時間調整など，ルール，慣行を柔軟に変更する

〈サービス（買い物，飲食など）〉

○代表的な合理的配慮の例

小売店など

・困っていると思われるときは，まずは声をかけ，手伝いの必要性を確かめてから対応する

・障害者用の駐車場について，健常者が利用することのないよう注意を促す

・注文や問合せ等に際し，インターネット画面への入力によるものだけでな

く電話等でも対応できるようにする

・精算時に金額を示す際は，金額が分かるようにレジスター又は電卓の表示板を見やすいように向ける，紙等に書く，絵カードを活用する等して示すようにする

・お金を渡す際に，紙幣と貨幣に分け，種類毎に直接手に渡す

・商品宅配時において具体的要望があった際に，品物を家の中の指定されたところまで運ぶ

飲食店など

・エレベータがない施設の上下階に移動する際，マンパワーで移動をサポートする

・ホワイトボードを活用する，盲ろう者の手のひらに書く（手書き文字）など，コミュニケーションにおいて工夫する

・メニューを分かりやすく説明したり，写真を活用したりする

銀行など

・自筆が困難な障害者からの要望を受けて，本人の意思確認を適切に実施した上で，代筆対応する

・「筆談対応いたします」などのプレートや，主な手続きを絵文字等で示したコミュニケーション・ボードを用意する

・ATM操作が困難な顧客に声かけし，適切な対応をとる

・取引，相談等の手段を，非対面の手段を含めて複数用意する

住まい

・最寄駅から一緒に歩いて確認したり，中の様子を手を添えて案内する

・障害者の求めに応じてバリアフリー物件等があるかを確認する

・物件案内時に携帯スロープを用意したり，車いすを押して案内する

〈災害時〉

○代表的な合理的配慮の例

・災害時に関係事業者の管理する施設の職員が直接災害を知らせたり，緊急

情報を視覚的に受容することができる警報設備等を用意したりする
・筆談，要約筆記，読み上げ，手話，点字など多様なコミュニケーション，
　分かりやすい表現を使って説明するなどの意思疎通の配慮を行う
・館内放送を文字化したり，電光表示板で表示したりする
・障害者が立って列に並んで順番を待っている場合に，周囲の理解を得た上
　で，当該障害者の順番が来るまで椅子などを用意する
・他人との接触，多人数の中にいることによる緊張により，不随意の発声等
　がある場合，緊張を緩和するため，当該障害者に説明の上，施設の状況に
　応じて別室を準備する
・事務手続の際に，職員等が必要書類の代読・代筆を行う

内閣府障害者制度改革室

http://www8.cao.go.jp/shougai/suishin/jirei/index.html

おわりに

　お読みいただいて，これまでの3冊とずいぶんタッチが違うと感じられた方も多いと思います。ライフキャリア教育を提唱しているので，私は障害者雇用に対して消極的または無関心と誤解されています。しかし私はバブル全盛期から就職氷河期に至る10年間，横浜市と川崎市の特別支援学校で進路専任をしてきました。その後も労働組合等いろいろな組織を通じて，障害者雇用政策提言や雇用環境づくりにかかわってきました。管理職になってからも，後に続く進路担当の育成に努めたつもりです。そのため，どうやったら就労に結びつけられるかといったワークキャリアとしてのノウハウも，そのためのライフキャリア教育の重要性も，同時に語ることができます。

　今回は，かなり「就労の可能性」ということを意識して執筆しましたが，ワークキャリアとライフキャリアは対立概念ではなく，ワークキャリアはライフキャリアの一部にしかすぎません。ベースとなるライフキャリアは学校よりもむしろ家庭のほうが教える機会が多く，教えるのに向いた環境だといえます。これは寄宿舎生活をしている児童生徒を見ればよくわかります。最近は，家庭の事情で家では生活指導が難しいからと，あえて寄宿舎に入寮させたり，受け入れたりする学校も出てきています。児童生徒を学校と寄宿舎で1日1年を通してトータルに指導できることは，キャリア教育の効果がかなり期待できるでしょう。

　また入院生活を余儀なくされている児童生徒たちにとっては，退院後の自宅での生活をイメージした準備そのものがライフキャリア教育になります。進行性の目の病気の場合に，失明後の生活を考えて，点字の勉強を早めに始めるといったことも同じことです。次のステップのための準備をする，それは広義の「移行支援」「進路支援」だといえるでしょう。

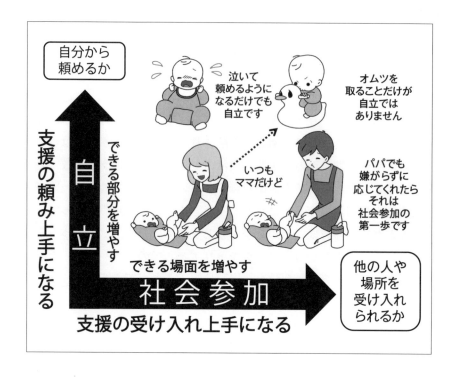

　しつこいようですが，再度確認してください。上の図のように，赤ちゃん
は「泣く」という表現手段で周りの人に欲求を伝えています。周りの人がそ
れに気づけば「ミルクなの？　オムツなの？」と来てくれます。つまり赤ち
ゃんは他人に支援を求める（他人を使って欲求を満たす）ことで自立して生
きています。しかしママが留守で，パパが慣れない手つきでオムツを交換し
始めたとします。「下手だけど，しょうがないか」と折り合いをつけて泣き
止めば，それは社会参加の第一歩を立派に踏み出したことになります。確か
にオムツが取れてオマルに座れるようになれば，見た目は自立です。しかし
そこまでなかなかいかない子でも成長・発達が止まっているわけではありま
せん。自立と社会参加の軸で観察すれば，必ず変化しています。それに，は
じめてオムツ替えに挑んだパパや教育実習生が次第に上達していくのは，そ
の子自身が教材になって「教えてくれた」からではないでしょうか。この世

に生を受けたものは，生まれてきた役割を果たそうと，赤ちゃんの時からみな懸命に生きています。

　私たち支援者のちょっとした言葉かけや手助けが，子どもたちの心の成長・変容（キャリア発達）を促進させます。このオムツ替えの例でも，どうせ何もわからないだろうと無言のまま，ましては嫌そうな顔をしてやっていたら，それは直感的に子どもに伝わります。自分は迷惑で不要な存在なのだと思ってしまうかもしれません。反対に「よく教えてくれたね」「頑張ってうんち出たね，すっきりしたね」「また教えてね，すぐに来るからね」などとニコニコしながら替えられたら，子どもは，いいことをしたんだ，これでいいんだ，また呼ぼうと，自信や意欲が芽生えます。この過程はまさにキャリア教育そのものではないでしょうか。だから私の提唱する（ライフ）キャリア教育というのは，重度重複で医療ケアを受けながら通学していたり，在宅や入院先で訪問教育を受けている児童生徒にも，例外なく当てはまるのです。

　さらに今回中心的に取り上げた「働く」ことが考えられる児童生徒にとっても「困ったら誰かに聞くこと」「迷ったら助けを呼ぶこと」「できないことは誰かに頼むこと」「支援の手を拒まないこと」「折り合いをつけられること」「いろいろな生活経験をして慣れておくこと」といったことが大切です。これは職業生活を支えていく，社会を生き抜く極意といえるかもしれません。「しごと」ができるできない，早い遅いではなく，できが悪くてもマイペースでも，社会で何とか生活していける最低限のライフキャリア（生きる力）を身に付けた人が生き残れるのです。

　「就労」の切符はあくまでも結果の１つにしかすぎませんが，多くの人に支えられて得られるものであることには違いありません。その切符をいつまでも大切に使えるように，学校時代にやるべきことをしっかりしておきまし

ょう。それには家庭との連携が不可欠だというのが，今回の私の主張です。

　この本を書くにあたり，私を呼んでくださった学校や関係団体から多くのことを学ばせていただきました。講演の依頼もズバリ「家庭とともにすすめるライフキャリア教育」「ライフキャリアを身に付けるために学校や家庭で取り組むべきこと」「豊かな人生を送るために今しておくこと」「さあ今日からおうちでライフキャリア教育」といったテーマで受けることが多くなりました。そうしたなかで触れた内容やいただいたご質問などをベースに書き上げたのがこの本です。みな様のニーズに少しは応えられましたでしょうか。

　また今回の出版にあたり，適切な助言をいただき，出版の労をとってくださった佐藤智恵さんをはじめとする明治図書の方々に深く感謝いたします。

　最後になりましたが，平成27年度，28年度に御縁のあった学校や関係団体のみな様のお名前を記させていただきます。みな様との出会いがなければ本書は生まれませんでした。この場を借りて厚く御礼申し上げます。

山形大学教育学部附属特別支援学校
茨城県立内原特別支援学校，茨城県立境特別支援学校
千葉県立銚子特別支援学校，千葉県立習志野特別支援学校
千葉県立松戸特別支援学校，千葉県立香取特別支援学校
千葉県立印旛特別支援学校，千葉県立君津特別支援学校
千葉県立千葉盲学校，千葉県立八日市場特別支援学校
千葉県立千葉聾学校，千葉県教育委員会
市川市立須和田の丘支援学校，船橋市教育委員会
埼玉県立草加かがやき特別支援学校
東京都立羽村特別支援学校，東京都立小平特別支援学校
神奈川県立津久井養護学校，神奈川県立鎌倉養護学校

神奈川県立中原養護学校，神奈川県立金沢養護学校
横浜市立本郷特別支援学校，横浜市立若葉台特別支援学校
横浜市立釜利谷東小学校
横須賀市立養護学校
長野県立長野県諏訪養護学校
静岡県立藤枝特別支援学校
三重県立城山特別支援学校，三重県立杉の子特別支援学校
三重県立特別支援学校玉城わかば学園
三重県立特別支援学校北勢きらら学園
大阪府立箕面支援学校
和歌山県立きのかわ支援学校
兵庫県立東はりま特別支援学校
倉敷市立倉敷支援学校
鳥取県立倉吉養護学校，鳥取県立鳥取養護学校
福岡市立福岡中央特別支援学校，福岡市立屋形原特別支援学校
長崎県立虹の原特別支援学校
沖縄県立島尻特別支援学校，沖縄県立西崎特別支援学校

横須賀市児童相談所，横浜移動サービス協議会
千葉県手をつなぐ育成会，千葉市手をつなぐ育成会
市川手をつなぐ親の会
かまくら福祉・教育ネット
神奈川ＬＤ等発達障害児・者親の会「にじの会」
日本ポーテージ協会　藤沢支部

本当にありがとうございました。

渡邉　昭宏

【参考文献】

・南野忠晴『正しいパンツのたたみ方』2011（岩波書店）

・玉川大学赤ちゃんラボ『なるほど！赤ちゃん学』2015（新潮社）

・福田健『子どもは「話し方」で９割変わる』2009（経済界）

・辰巳渚『子どもを伸ばす手仕事力仕事』2007（岩崎書店）

・辰巳渚『親子で片づけが上手になる！』2008（池田書店）

・井上雅彦『家庭で無理なく楽しくできる生活・学習課題46』2008（学研）

・谷田貝公昭監『生活の自立 Hand Book』2009（学研プラス）

・鈴木みどり『「あたりまえのことがちゃんとできる子」の育て方』2010（メイツ出版）

・中川李枝子『子どもはみんな問題児。』2015（新潮社）

・高濱正伸『わが子を「メシが食える大人」に育てる』2010（廣済堂出版）

・上田紀行『かけがえのない人間』2008（講談社）

・松村和子他編著『保育の場で出会う家庭支援論』2010（建帛社）

・五十嵐良雄監『発達障害の人が長く働き続けるためにできること』2014（講談社）

・高取しづか他著『子どもが変わるじぶんルールの育て方3　お金のルール』2008（合同出版）

・滝沢武久監『０歳からのことば育てと子どもの自立』2005（合同出版）

・谷田貝公昭監『６歳までのしつけと子どもの自立』2002（合同出版）

・寺西恵里子『３歳からのお手伝い』2005（河出書房新社）

・小西行郎監『子どもの心の発達がわかる本』2007（講談社）

・杉山登志郎『発達障害のいま』2011（講談社）

・向山洋一・熊谷壽『「家庭科」が楽しくなる本』1998（PHP 研究所）

・波多野ミキ『認めて・ほめて・励まして！　がんばる「力」のもてる子に』2005（PHP 研究所）

・ラポム編集部編『心の保育を考える Case67』2003（学研プラス）

・石渡和実『Ｑ＆Ａ障害者問題の基礎知識』1997（明石書店）

・石渡和実編『はじめて学ぶ障害者福祉　「当事者主体」の視点に立つソーシャルワーク』2007（みらい）

【著者紹介】

渡邉　昭宏（わたなべ　あきひろ）

1955年東京生まれ。都立石神井高等学校，中央大学商学部卒業後，神奈川県立平塚盲学校，県立伊勢原養護学校，横浜国立大学附属養護学校，川崎市立田島養護学校，県立武山養護学校，県立みどり養護学校教頭を経て県立金沢養護学校副校長。2013年3月後進に道を譲り退職。35年間特別支援教育に携わり，うち10年間進路専任に従事。第61回読売教育賞において特別支援教育部門最優秀賞受賞。現在，民生委員・児童委員。
神奈川県横須賀市在住
〈著書〉『みんなのライフキャリア教育』2013（明治図書）
　　　　『教科の授業 de ライフキャリア教育』2014（明治図書）
　　　　『自立活動の授業 de ライフキャリア教育』2015（明治図書）
日本リハビリテーション連携科学学会会員
連絡先は，watanabe.aci@jcom.home.ne.jp

【イラスト】みやび　なぎさ

特別支援学校＆学級で学ぶ！

保護者の願いに応える！ ライフキャリア教育
—キャリア発達を共に支援するガッチリ・スクラム—

2017年2月初版第1刷刊　©著　者	渡　邉　昭　宏	
2018年1月初版第2刷刊　　発行者	藤　原　光　政	

発行所　明治図書出版株式会社
http://www.meijitosho.co.jp
（企画）佐藤智恵　（校正）㈱友人社
〒114-0023　東京都北区滝野川7-46-1
振替00160-5-151318　電話03（5907）6703
ご注文窓口　電話03（5907）6668

＊検印省略　　　　　　組版所　長野印刷商工株式会社

本書の無断コピーは，著作権・出版権にふれます。ご注意ください。

Printed in Japan　　　　　　ISBN978-4-18-187315-8
もれなくクーポンがもらえる！読者アンケートはこちらから →